DES HOSPICES

D'ENFANS TROUVÉS,

EN EUROPE,

ET PRINCIPALEMENT EN FRANCE,

DEPUIS LEUR ORIGINE JUSQU'A NOS JOURS;

PAR BERNARD-BENOIT REMACLE.

OUVRAGE COURONNÉ PAR L'ACADÉMIE ROYALE DU GARD,
PAR LA SOCIÉTÉ-ACADÉMIQUE DES SCIENCES ET BELLES-LETTRES DE MACON,
ET PAR LA SOCIÉTÉ DES ÉTABLISSEMENS CHARITABLES DE PARIS.

*Et si qua priùs talis emergebat dubitatio, remittenda fuit,
movente misericordiâ quâ indigni non sunt qui alieno
laborant vitio.*

(L. 7, Cod. de Naturalibus liberis.)

DOCUMENS STATISTIQUES OFFICIELS.

A PARIS,

CHEZ TREUTTEL ET WÜRTZ, LIBRAIRES,

RUE DE LILLE, N° 17;

A STRASBOURG, même Raison de Commerce, Grand'-Rue, n° 15.

M. DCCC. XXXVIII.

DE L'IMPRIMERIE DE CRAPELET, RUE DE VAUGIRARD, N° 9.

ENFANS TROUVÉS.

TABLEAUX STATISTIQUES

OFFICIELS.

TABLE.

TABLE.

ÉTAT

DES ADMISSIONS A L'HOSPICE DES ENFANS-TROUVÉS DE PARIS,

DE 1640 A 1835.

ANNÉES.	RÉCEPTIONS.	ANNÉES.	RÉCEPTIONS.	ANNÉES.	RÉCEPTIONS.	ANNÉES.	RÉCEPTIONS.	ANNÉES.	RÉCEPTIONS.	ANNÉES.	RÉCEPTIONS.	ANNÉES.	RÉCEPTIONS.	ANNÉES.	RÉCEPTIONS.
1640	372	1665	486	1690	1,504	1715	1,840	1740	3,150	1765	5,497	1790	5,842	1814	5,137
1641	229	1666	485	1691	1,720	1716	1,778	1741	3,388	1766	5,604	1791	5,140	1815	5,080
1642	239	1667	323	1692	1,971	1717	1,749	1742	3,163	1767	6,007	1792	4,934	1816	5,080
1643	312	1668	475	1693	2,894	1718	1,754	1743	3,101	1768	6,025	1793 (7 m. 21 j.)	3,129	1817	5,467
1644	288	1669	430	1694	3,788	1719	1,735	1744	3,034	1769	6,426	An 2	3,637	1818	4,779
1645	288	1670	312	1695	1,767	1720	1,441	1745	3,234	1770	6,918	An 3	3,935	1819	5,057
1646	253	1671	738	1696	1,244	1721	1,730	1746	3,274	1771	7,156	An 4	3,122	1820	5,101
1647	322	1672	486	1697	2,419	1722	1,857	1747	3,369	1772	7,676	An 5	3,716	1821	4,963
1648	338	1673	578	1698	1,845	1723	1,980	1748	3,429	1773	5,989	An 6	3,513	1822	5,040
1649	412	1674	673	1699	1,998	1724	2,095	1749	3,775	1774	6,333	An 7	3,777	1823	5,116
1650	393	1675	640	1700	1,738	1725	2,260	1750	3,789	1775	6,505	An 8	3,742	1824	5,213
1651	354	1676	717	1701	1,931	1726	2,466	1751	3,783	1776	6,419	An 9	3,646	1825	5,240
1652	434	1677	790	1702	1,644	1727	2,302	1752	4,129	1777	6,705	An 10	4,248	1826	5,396
1653	270	1678	1,006	1703	1,511	1728	2,166	1753	4,329	1778	6,688	An 11	4,589	1827	5,416
1654	333	1679	940	1704	1,712	1729	2,335	1754	4,231	1779	6,644	An 12	4,250	1828	5,497
1655	326	1680	890	1705	1,709	1730	2,401	1755	4,273	1780	5,568	An 13	4,057	1829	5,320
1656	416	1681	820	1706	1,595	1731	2,539	1756	4,725	1781	5,608	An 14 (3 m. 10 j.)	5,529	1830	5,238
1657	421	1682	938	1707	1,742	1732	2,474	1757	4,969	1782	5,444	1806		1831	5,667
1658	371	1683	940	1708	1,759	1733	2,413	1758	5,082	1783	5,715	1807	4,238	1832	4,982
1659	365	1684	944	1709	2,525	1734	2,654	1759	5,264	1784	5,609	1808	4,302	1833	4,803
1660	491	1685	988	1710	1,698	1735	2,577	1760	5,032	1785	5,918	1809	4,556	1834	4,941
1661	441	1686	1,147	1711	1,638	1736	2,681	1761	5,418	1786	5,824	1810	4,502	1835	4,877
1662	406	1687	1,147	1712	1,748	1737	2,914	1762	5,289	1787	5,912	1811	5,152	»	»
1663	446	1688	1,216	1713	1,737	1738	2,786	1763	5,254	1788	5,822	1812	5,394	»	»
1664	582	1689	1,245	1714	1,721	1739	3,289	1764	5,558	1789	5,719	1813	5,000	»	»

ÉTAT

DES FEMMES ENTRÉES, DES FEMMES ACCOUCHÉES ET DES FEMMES DÉCÉDÉES,

ET

RENSEIGNEMENS SUR LES ENFANS NÉS DANS LA MAISON D'ACCOUCHEMENT DE PARIS, DE 1816 A 1835.

ANNÉES.	FEMMES ENTRÉES A LA MAISON D'ACCOUCHEMENT.					FEMMES ACCOUCHÉES.	NOMBRE DE DÉCÈS DES FEMMES		ENFANS provenant DES ACCOUCHEMENS.			ENFANS NÉS A L'ACCOUCHEMENT.			
	Présumées mariées.	Non mariées.	SE DISANT domiciliées à Paris.	domiciliées hors Paris.	TOTAL.		enceintes.	en couches.	vivans.	nés morts.	TOTAL.	conservés ou mis en nourrice par leurs mères.	abandonnés et envoyés aux Enfans-Trouvés.	morts dans la maison.	TOTAL.
1816	304	2,333	1,895	742	2,637	2,392	4	42	2,437	115	2,552	321	1,917	83	2,321
1817	407	2,616	2,351	672	3,023	2,765	1	62	2,728	108	2,836	432	2,202	79	2,713
1818	389	2,246	2,099	536	2,635	2,380	1	151	2,319	124	2,443	377	1,837	82	2,296
1819	434	2,296	2,176	554	2,730	2,499	1	186	2,407	150	2,557	389	1,952	62	2,403
1820	346	2,309	2,182	473	2,655	2,395	1	153	2,346	121	2,467	408	1,848	82	2,338
1821	299	2,265	1,915	649	2,564	2,348	»	51	2,278	122	2,400	477	1,729	64	2,270
1822	281	2,401	2,130	552	2,682	2,372	1	93	2,316	122	2,438	534	1,680	91	2,305
1823	247	2,436	1,946	737	2,683	2,440	3	131	2,382	120	2,502	533	1,748	103	2,384
1824	277	2,377	2,136	518	2,654	2,402	1	121	2,367	102	2,469	501	1,778	89	2,368
1825	355	2,560	2,249	666	2,915	2,606	6	92	2,549	131	2,680	543	1,910	106	2,559
1826	347	2,744	2,597	494	3,091	2,704	2	80	2,632	132	2,764	529	2,006	97	2,632
1827	388	2,716	2,484	620	3,104	2,733	6	138	2,672	134	2,806	599	1,995	90	2,684
1828	409	2,766	2,579	596	3,175	2,840	7	163	2,785	135	2,920	632	2,079	105	2,816
1829	409	2,665	2,528	546	3,074	2,718	3	252	2,653	135	2,788	595	1,955	106	2,656
1830	403	2,683	2,456	630	3,086	2,633	4	122	2,553	140	2,693	539	1,921	94	2,554
1831	482	2,788	2,812	458	3,270	2,861	2	254	2,776	131	2,907	647	2,050	86	2,783
1832	372	2,438	2,326	484	2,810	2,544	»	146	2,414	168	2,582	601	1,757	69	2,427
1833	432	2,261	2,203	590	2,793	2,502	4	109	2,378	161	2,539	550	1,751	83	2,384
1834	541	2,350	2,276	615	2,891	2,614	2	97	2,463	136	2,599	729	1,731	46	2,506
1835	350	2,585	2,620	315	2,935	2,615	4	92	2,459	137	2,596	775	1,663	60	2,498
Totaux...	7,472	49,935	45,960	11,447	57,407	51,363	53	2,535	49,914	2,624	52,538	10,711	37,509	1,677	49,897

RENSEIGNEMENS

SUR LES ADMISSIONS, LES PLACEMENS, ETC.,

DES ENFANS APPORTÉS A L'HOS PICE DE PARIS, DE 1816 A 1835.

ENTRÉES.	1816.	1817.	1818.	1819.	1820.	1821.	1822.	1823.	1824.	1825.	1826.	1827.	1828.	1829.	1830.	1831.	1832.	1833.	1834.	1835.	TOTAL.
ENFANS PRÉSUMÉS — légitimes	248	363	287	398	353	238	193	165	183	206	217	264	311	415	435	517	614	478	478	411	6,774
ENFANS PRÉSUMÉS — naturels	4,832	5,104	4,492	4,659	4,748	4,725	4,847	4,951	5,030	5,034	5,175	5,152	5,186	4,905	4,803	5,150	4,368	4,325	4,463	4,466	96,415
CE NOMBRE SE COMPOSE :																					
1°. D'Enfans nés à Paris, apportés — de la maison d'accouchement	1,917	2,202	1,837	1,952	1,848	1,729	1,680	1,748	1,778	1,910	2,006	1,995	2,079	1,955	1,921	2,050	1,757	1,751	1,731	1,663	37,509
1°. D'Enfans nés à Paris, apportés — des hôpitaux de Paris	67	73	76	69	86	123	128	135	187	140	185	203	223	238	273	406	299	281	303	442	3,937
1°. D'Enfans nés à Paris, apportés — de la préfecture de police	41	55	22	36	45	20	7	18	14	12	7	12	13	13	27	23	27	21	15	22	450
1°. D'Enfans nés à Paris, apportés — de la ville, avec actes de naissance	489	475	429	334	392	359	433	356	343	324	347	319	319	436	437	481	604	772	807	878	9,334
1°. D'Enfans nés à Paris, apportés — de la ville, sans actes de naissance	1,838	1,942	1,696	1,876	1,903	1,936	1,966	2,014	2,062	2,029	2,077	2,035	1,994	1,859	1,783	1,880	1,504	1,216	1,407	1,330	36,347
2°. D'Enfans nés hors Paris, apportés — avec actes de naissance	533	558	533	538	581	499	476	473	454	389	348	351	334	316	272	301	311	318	293	308	8,186
2°. D'Enfans nés hors Paris, apportés — sans actes de naissance	106	78	77	102	85	133	167	176	200	218	211	236	242	251	277	270	227	231	217	155	3,659
3°. D'Enfans apportés sans aucun renseignement	89	84	109	150	161	164	183	196	175	218	211	265	293	252	248	256	253	213	168	79	3,767
ADMISSIONS PAR ORDRE.																					
Enfans revenus des hôpitaux ou de la campagne	288	289	301	222	243	220	174	164	192	195	192	169	174	166	101	131	157	205	200	178	3,961
SORTIES ET DÉCÈS.																					
1°. Enfans sortis définitivement — rendus à leurs parens	93	73	97	56	86	95	111	101	127	113	113	114	116	93	98	112	131	163	162	158	2,212
1°. Enfans sortis définitivement — envoyés en nourrice à lait	3,214	3,570	3,163	3,454	3,483	3,452	3,569	3,592	3,788	3,766	3,726	3,646	3,804	3,568	3,438	3,855	3,386	3,370	3,501	3,547	70,892
1°. Enfans sortis définitivement — envoyés en nourrice sevrés	210	260	192	141	188	171	178	187	199	190	218	214	222	251	208	234	229	181	191	184	4,048
1°. Enfans sortis définitivement — envoyés à l'hospice des Orphelins	11	35	23	15	30	44	49	40	45	56	54	54	44	36	8	13	10	8	14	24	613
2°. Enfans sortis provisoirement pour aller dans divers hôpitaux	398	245	236	190	165	103	55	46	57	64	59	44	61	39	30	34	33	28	27	12	1,926
3°. Enfans décédés	1,465	1,562	1,354	1,367	1,473	1,294	1,221	1,333	1,189	1,223	1,414	1,486	1,444	1,534	1,541	1,556	1,391	1,258	1,230	1,081	27,416

TABLEAU
DU MOUVEMENT DES ENFANS TROUVÉS DE PARIS A LA CAMPAGNE,
ET DÉPENSES FAITES POUR LEUR ENTRETIEN,
DE 1816 A 1835.

ANNÉES.	ENFANS EXISTANS à l'extérieur le 1er Janvier de chaque année.	PLACÉS A LA CAMPAGNE.			SORTIES OU DÉCÈS.					DÉPENSES FAITES.	DÉPENSE MOYENNE pour chaque Enfant.	PROPORTION DE LA MORTALITÉ au nombre total des Enfans.
		Envoyés en nourrice.	Réintégrés.	TOTAL.	Ramenés à Paris.	Sortis de pension âgés de 12 ans.	Évadés ou disparus.	Décédés.	TOTAL.	fr. c.	fr. c.	
1816	11,258	3,424	15	3,439	96	520	"	2,522	3,138	1,093,328 18	97 11	1 sur 5,80
1817	11,559	3,830	9	3,839	94	563	7	2,807	3,471	1,102,234 54	95 35	1 5,13
1818	11,927	3,355	"	3,355	131	569	48	2,928	3,676	1,047,830 53	87 76	1 5,21
1819	11,606	3,595	4	3,599	78	631	25	2,841	3,575	1,071,587 92	92 33	1 5,32
1820	11,630	3,671	14	3,685	94	711	69	2,108	2,982	1,122,012 14	96 47	1 7,26
1821	12,333	3,623	5	3,628	146	795	16	2,288	3,245	1,205,142 03	97 71	1 6,97
1822	12,716	3,746	8	3,754	132	720	7	2,649	3,508	1,233,012 02	96 96	1 6,21
1823	12,962	3,778	9	3,787	115	920	2	2,082	3,119	1,301,723 31	100 42	1 8,04
1824	13,630	3,987	20	4,007	151	962	6	2,366	3,485	1,434,815 69	105 26	1 7,87
1825	14,152	3,956	21	3,977	129	876	2	2,801	3,808	1,451,073 58	102 53	1 6,47
1826	14,321	3,954	1	3,955	137	719	1	2,661	3,518	1,464,889 20	102 28	1 6,86
1827	14,758	3,860	24	3,884	122	596	3	2,356	3,077	1,541,113 66	104 42	1 7,91
1828	15,565	4,022	"	4,022	141	662	1	2,837	3,641	1,568,452 43	100 76	1 6,60
1829	15,946	3,820	1	3,821	131	733	2	2,871	3,737	1,529,896 77	95 94	1 6,95
1830	16,030	3,647	2	3,649	105	757	2	2,634	3,498	1,476,154 67	92 08	1 7,46
1831	16,181	4,089	5	4,094	120	977	4	2,713	3,814	1,567,023 23	96 84	1 7,47
1832	16,461	3,615	"	3,615	152	1,027	6	2,662	3,847	1,559,898 47	94 76	1 7,54
1833	16,229	3,551	"	3,551	204	1,091	5	2,174	3,474	1,519,786 05	93 64	1 9,12
1834	16,306	3,692	1	3,693	194	1,118	2	2,673	3,987	1,529,036 25	93 77	1 7,48
1835	16,012	3,731	1	3,732	175	1,263	1	2,129	3,568	1,533,200 52	95 75	1 9,27
Totaux...	281,582	74,946	140	75,086	2,647	16,210	209	51,102	70,168	27,352,211 19	97 13	1 sur 7,05

ÉTAT
DES NAISSANCES ET DES DÉCÈS QUI ONT EU LIEU A PARIS,
AVEC DIVERS RENSEIGNEMENS
SUR L'ABANDON DES ENFANS, ET LEUR REMISE A LEURS FAMILLES,
DE 1816 A 1835.

ANNÉES.	NAISSANCES.				ENFANS MORT-NÉS.	DÉCÈS		ENFANS REÇUS à l'hospice des enfans-trouvés			ENFANS RENDUS à leurs parens par l'hospice		
	ENFANS LÉGITIMES.	ENFANS NATURELS reconnus.	non reconnus.	TOTAL.		Dans Paris.	Pendant la première année de la vie.	Présumés légitimes.	Naturels.	TOTAL.	Légitimes.	Naturels.	TOTAL.
1816	13,568	2,050	6,740	22,358	1,363	19,124	3,888	248	4,832	5,080	17	76	93
1817	14,712	2,110	6,937	23,759	1,271	20,852	4,118	363	5,104	5,467	17	56	73
1818	14,978	1,995	6,094	23,067	1,406	22,421	3,933	287	4,492	4,779	32	65	97
1819	15,711	1,984	6,657	24,352	1,346	22,671	4,125	398	4,659	5,057	15	41	56
1820	15,988	2,093	8,870	26,951	1,337	22,464	4,164	353	4,748	5,101	27	59	86
1821	15,980	2,113	7,063	25,156	1,414	22,917	4,212	238	4,725	4,963	24	71	95
1822	17,129	2,270	7,481	26,880	1,422	23,282	4,157	193	4,847	5,040	17	94	111
1823	17,264	2,221	7,585	27,070	1,508	24,600	4,548	165	4,951	5,116	26	75	101
1824	18,591	2,378	7,843	28,812	1,487	22,617	4,237	183	5,030	5,213	21	106	127
1825	19,214	2,202	7,837	29,253	1,521	26,893	4,468	206	5,034	5,240	27	86	113
1826	19,468	2,418	8,084	29,970	1,547	25,341	4,721	217	5,175	5,392	24	89	113
1827	19,414	2,308	8,084	29,806	1,631	23,534	4,680	264	5,152	5,416	27	87	114
1828	19,126	2,291	8,184	29,601	1,626	24,557	4,659	311	5,186	5,497	30	86	116
1829	18,568	2,103	7,850	28,521	1,713	25,600	4,719	415	4,905	5,320	27	66	93
1830	18,580	2,258	7,749	28,587	1,727	27,464	4,799	435	4,803	5,238	22	76	98
1831	19,152	2,205	8,173	29,530	1,709	25,996	4,907	517	5,150	5,667	33	79	112
1832	17,046	2,157	7,080	26,283	1,720	44,463	4,835	614	4,368	4,982	38	93	131
1833	18,113	2,211	7,136	27,460	1,755	25,096	4,424	478	4,325	4,803	41	122	163
1834	19,119	2,432	7,553	29,104	1,748	22,991	4,142	478	4,463	4,941	30	132	162
1835	19,361	2,459	7,500	29,320	1,815	24,524	4,365	411	4,466	4,877	37	121	158
	351,082	44,258	150,500	545,840	31,066	497,407	88,101	6,774	96,415	103,189	532	1,680	2,212
		194,758											

TABLEAU,

PAR ANNÉES,

DU NOMBRE DES DÉCÈS QUI ONT EU LIEU, DE 1805 A 1835,

PARMI LES ENFANS TROUVÉS DE PARIS,

INDIQUANT LA PROPORTION DE LA MORTALITÉ A LA POPULATION, CALCULÉ D'APRÈS LE NOMBRE DES EXISTENCES AU 1er JANVIER DE CHAQUE ANNÉE, ET AUGMENTÉ DE LA TOTALITÉ DES ENTRÉES ANNUELLES.

ANNÉES.	POPULATION au 1er JANVIER.	ENTRÉES ANNUELLES.	TOTAL de la POPULATION.	NOMBRE des ÉLÈVES.	PROPORTION de la MORTALITÉ.
1805.........	169	4,284	4,453	833	19 sur 100
1806.........	254	5,805	6,059	984	16 — 100
1807.........	88	4,433	4,521	409	9 — 100
1808.........	61	4,554	4,615	466	10 — 100
1809.........	140	4,819	4,959	480	10 — 100
1810.........	159	4,809	4,968	454	9 — 100
1811.........	117	5,459	5,576	527	9 — 100
1812.........	124	5,782	5,906	622	11 — 100
1813.........	103	5,357	5,457	684	13 — 100
1814.........	120	5,560	5,680	1,002	18 — 100
1815.........	135	5,441	5,576	1,464	26 — 100
1816.........	144	5,450	5,594	1,476	26 — 100
1817.........	128	5,875	6,003	1,587	26 — 100
1818.........	130	5,190	5,320	1,371	26 — 100
1819.........	147	5,404	5,551	1,388	25 — 100
1820.........	211	5,494	5,705	1,504	26 — 100
1821.........	122	5,283	5,405	1,315	24 — 100
1822.........	149	5,274	5,423	1,233	23 — 100
1823.........	173	5,374	5,547	1,352	24 — 100
1824.........	159	5,506	5,665	1,202	21 — 100
1825.........	159	5,526	5,685	1,238	22 — 100
1826.........	178	5,720	5,898	1,434	24 — 100
1827.........	176	5,782	5,958	1,510	25 — 100
1828.........	206	5,697	5,903	1,476	25 — 100
1829.........	180	5,673	5,853	1,576	27 — 100
1830.........	160	5,542	5,702	1,585	28 — 100
1831.........	168	6,107	6,275	1,607	26 — 100
1832.........	164	5,458	5,622	1,460	26 — 100
1833.........	116	5,206	5,322	1,299	24 — 100
1834.........	111	5,363	5,474	1,279	23 — 100
1835.........	131	5,323	5,454	1,126	21 — 100

TABLEAU

PAR ANNÉES ET PAR DÉPARTEMENS

DU NOMBRE

DES NAISSANCES D'ENFANS LÉGITIMES ET D'ENFANS NATURELS,

ET DU NOMBRE TOTAL DES ENFANS TROUVÉS ET ABANDONNÉS,

ADMIS ANNUELLEMENT DANS LES ÉTABLISSEMENS DE BIENFAISANCE, PENDANT UNE PÉRIODE DÉCENNALE DE 1824 A 1833.

DÉPARTEMENS.		1824.	1825.	1826.	1827.	1828.	1829.	1830.	1831.	1832.	1833.
AIN	Naissances des enfans légitimes..	9,999	10,154	10,831	10,640	10,346	10,394	9,738	10,500	9,622	
	——— des enfans naturels...	201	327	373	467	344	463	389	436	401	
	Nombre total des enfans trouvés..	128	135	149	118	161	172	140	200	220	211
AISNE	Naissances des enfans légitimes..	15,717	15,468	15,230	15,270	14,577	14,237	13,954	14,600	13,370	
	——— des enfans naturels...	875	875	1,035	1,254	1,086	990	1,143	1,130	983	
	Nombre total des enfans trouvés.	407	540	408	415	503	413	465	498	688	382
ALLIER	Naissances des enfans légitimes..	8,734	8,852	8,848	8,613	8,103	9,281	9,101	9,414	9,747	
	——— des enfans naturels...	594	567	730	1,008	640	612	700	562	663	
	Nombre total des enfans trouvés.	444	534	516	520	498	502	517	500	505	522
ALPES (BASSES-)	Naissances des enfans légitimes..	5,073	4,889	5,099	4,980	5,089	4,791	4,942	4,948	4,808	
	——— des enfans naturels...	344	327	355	326	258	378	276	308	315	
	Nombre total des enfans trouvés.	329	320	337	260	257	270	274	308	270	242
ALPES (HAUTES-)	Naissances des enfans légitimes..	4,255	4,071	4,289	4,237	4,345	4,171	3,987	4,196	4,159	
	——— des enfans naturels...	219	216	186	175	185	174	197	206	214	
	Nombre total des enfans trouvés.	120	80	92	87	99	98	120	109	124	109
ARDÈCHE	Naissances des enfans légitimes..	10,541	10,425	10,567	10,759	10,410	11,156	11,048	11,173	10,985	
	——— des enfans naturels...	322	312	342	265	251	291	307	346	250	
	Nombre total des enfans trouvés.	114	102	105	115	87	103	105	120	119	143
ARDENNES	Naissances des enfans légitimes..	8,811	8,638	8,887	9,035	8,739	8,472	8,031	8,028	7,472	
	——— des enfans naturels...	376	421	450	467	458	437	423	438	380	
	Nombre total des enfans trouvés.	137	95	84	103	134	141	147	179	164	120
ARIÈGE	Naissances des enfans légitimes..	6,924	6,811	7,580	7,324	7,345	7,124	7,662	7,632	7,449	
	——— des enfans naturels...	441	340	433	385	478	417	462	488	456	
	Nombre total des enfans trouvés.	214	156	178	174	244	194	251	259	220	203
AUBE	Naissances des enfans légitimes..	7,197	6,869	6,908	6,914	6,550	6,364	7,261	6,194	5,741	
	——— des enfans naturels...	689	653	657	663	676	405	291	426	445	
	Nombre total des enfans trouvés.	199	205	191	214	210	201	198	207	197	190
AUDE	Naissances des enfans légitimes..	7,826	7,799	7,782	7,910	8,376	7,162	6,213	8,378	7,633	
	——— des enfans naturels..	482	438	497	510	550	405	500	526	459	
	Nombre total des enfans trouvés.	268	216	246	283	261	260	285	319	258	295
AVEYRON	Naissances des enfans légitimes..	9,672	9,632	10,081	9,965	9,917	10,137	10,199	10,348	10,124	
	——— des enfans naturels..	475	606	627	608	698	641	592	640	656	
	Nombre total des enfans trouvés.	535	506	473	476	530	467	420	463	472	512
BOUCHES-DU-RHÔNE	Naissances des enfans légitimes..	10,999	10,533	10,566	10,576	10,541	10,000	10,705	9,735	10,003	
	——— des enfans naturels..	1,176	1,227	1,196	1,257	1,192	1,129	1,028	1,139	1,219	
	Nombre total des enfans trouvés.	852	800	745	805	752	788	754	770	825	818
CALVADOS	Naissances des enfans légitimes..	10,232	9,926	9,753	8,341	9,987	9,956	9,388	9,439	9,344	
	——— des enfans naturels...	1,231	1,264	1,230	1,408	1,345	1,282	1,215	1,288	1,195	
	Nombre total des enfans trouvés.	556	547	572	527	503	529	537	576	564	531
CANTAL	Naissances des enfans légitimes..	6,600	6,481	6,625	6,751	6,801	6,498	6,450	6,448	6,481	
	——— des enfans naturels...	514	428	493	463	513	506	468	488	496	
	Nombre total des enfans trouvés.	368	207	231	196	223	245	254	279	262	186
CHARENTE	Naissances des enfans légitimes..	9,457	9,097	9,097	8,676	9,026	8,933	8,789	8,291	8,268	
	——— des enfans naturels...	540	598	595	511	547	531	489	514	543	
	Nombre total des enfans trouvés.	277	251	269	254	280	256	271	316	273	326

DÉPARTEMENS.		1824.	1825.	1826.	1827.	1828.	1829.	1830.	1831.	1832.	1833.
Charente Infér…	Naissances des enfans légitimes..	11,860	12,401	12,209	11,459	11,737	11,745	11,471	11,296	9,081	
	——— des enfans naturels…	582	545	540	522	525	494	606	556	520	
	Nombre total des enfans trouvés.	573	587	611	509	459	360	410	435	367	427
Cher…	Naissances des enfans légitimes..	8,074	7,933	8,005	8,586	7,836	8,000	7,868	7,896	7,875	
	——— des enfans naturels…	1,390	937	957	391	354	1,084	1,065	1,106	1,102	
	Nombre total des enfans trouvés.	394	332	317	411	377	384	457	434	415	468
Corrèze…	Naissances des enfans légitimes..	9,220	9,011	9,344	8,848	9,143	8,835	9,005	8,566	9,125	
	——— des enfans naturels…	579	426	565	484	499	470	466	523	532	
	Nombre total des enfans trouvés.	263	227	248	247	238	265	336	278	308	212
Corse…	Naissances des enfans légitimes..	4,852	5,274	6,132	5,410	6,078	6,763	6,818	7,219	5,970	
	——— des enfans naturels…	141	201	306	267	284	288	305	364	237	
	Nombre total des enfans trouvés.	143	179	176	250	175	159	175	229	199	187
Côte-d'Or…	Naissances des enfans légitimes..	10,186	10,187	10,194	10,196	9,597	9,765	9,923	10,066	10,172	
	——— des enfans naturels…	783	796	797	799	505	640	729	752	782	
	Nombre total des enfans trouvés.	192	206	175	157	137	164	186	187	189	185
Côte-du-Nord…	Naissances des enfans légitimes..	19,742	20,132	18,998	18,770	19,419	19,294	18,363	20,032	19,002	
	——— des enfans naturels…	567	481	572	454	471	559	433	493	473	
	Nombre total des enfans trouvés.	191	126	157	146	120	103	139	131	116	129
Creuse…	Naissances des enfans légitimes..	7,041	6,719	6,844	7,047	6,856	7,372	7,235	7,324	7,841	
	——— des enfans naturels…	533	450	463	470	448	426	446	463	438	
	Nombre total des enfans trouvés.	304	281	245	273	210	196	190	214	266	266
Dordogne…	Naissances des enfans légitimes..	12,477	13,086	13,017	12,485	18,031	13,495	12,985	12,351	12,207	
	——— des enfans naturels…	739	692	687	633	575	578	655	735	794	
	Nombre total des enfans trouvés.	513	482	521	464	497	755	591	607	868	585
Doubs…	Naissances des enfans légitimes..	7,380	7,042	7,459	7,509	7,368	7,513	7,294	7,189	6,963	
	——— des enfans naturels…	425	593	594	536	481	581	531	523	545	
	Nombre total des enfans trouvés.	104	113	122	132	129	116	145	129	117	103
Drôme…	Naissances des enfans légitimes..	8,726	8,492	8,784	8,394	8,449	8,378	8,638	8,810	8,248	
	——— des enfans naturels…	630	534	620	573	549	494	512	520	532	
	Nombre total des enfans trouvés.	313	181	247	242	231	176	190	159	205	167
Eure…	Naissances des enfans légitimes..	10,130	10,131	9,757	9,576	9,384	8,450	8,710	9,014	8,271	
	——— des enfans naturels…	779	452	427	553	445	653	633	551	419	
	Nombre total des enfans trouvés.	178	131	131	147	141	153	132	126	141	123
Eure-et-Loir…	Naissances des enfans légitimes..	7,899	7,782	7,477	7,700	7,317	6,983	6,796	7,311	6,780	
	——— des enfans naturels…	509	561	515	587	573	474	527	623	572	
	Nombre total des enfans trouvés.	245	262	228	244	218	234	265	290	278	285
Finistère…	Naissances des enfans légitimes..	17,614	17,911	21,859	18,948	18,957	18,787	19,171	18,793	19,128	
	——— des enfans naturels…	577	616	677	631	552	611	754	687	709	
	Nombre total des enfans trouvés.	318	349	339	348	363	391	342	375	400	306
Gard…	Naissances des enfans légitimes..	10,865	11,099	11,368	11,527	11,405	10,440	11,431	11,207	11,351	
	——— des enfans naturels…	413	330	397	450	452	377	383	411	385	
	Nombre total des enfans trouvés.	237	231	245	208	241	248	288	299	294	333
Garonne (Haute-).	Naissances des enfans légitimes..	11,227	12,073	11,570	11,151	11,319	11,456	11,503	11,664	11,847	
	——— des enfans naturels…	726	740	731	736	818	763	772	876	904	
	Nombre total des enfans trouvés.	484	491	519	494	520	540	471	582	548	592
Gers…	Naissances des enfans légitimes..	7,027	6,467	6,722	6,797	6,892	6,709	6,714	7,321	6,983	
	——— des enfans naturels…	616	636	564	467	645	576	562	508	443	
	Nombre total des enfans trouvés.	659	445	422	358	420	388	370	435	415	446
Gironde…	Naissances des enfans légitimes..	12,469	12,752	13,068	12,886	13,091	13,201	12,958	12,801	11,323	
	——— des enfans naturels…	1,578	1,547	1,675	1,601	1,743	1,558	1,522	1,630	1,601	
	Nombre total des enfans trouvés.	886	890	946	885	939	918	965	983	947	926
Hérault…	Naissances des enfans légitimes..	9,918	10,649	10,609	10,399	10,828	10,193	10,027	10,707	10,170	
	——— des enfans naturels…	580	529	529	501	626	535	589	512	539	
	Nombre total des enfans trouvés.	289	273	308	296	325	327	333	361	365	377
Ille-et-Vilaine…	Naissances des enfans légitimes..	16,538	15,546	16,762	16,763	17,142	15,864	17,367	17,629	16,735	
	——— des enfans naturels…	355	286	312	301	348	443	436	314	312	
	Nombre total des enfans trouvés.	443	408	411	433	375	382	399	465	466	353
Indre…	Naissances des enfans légitimes..	7,423	7,523	7,443	7,241	7,321	7,531	7,568	7,529	6,967	
	——— des enfans naturels…	403	385	445	432	474	419	436	384	313	
	Nombre total des enfans trouvés.	200	207	258	216	250	227	190	171	212	169

DÉPARTEMENS.		1824.	1825.	1826.	1827.	1828.	1829.	1830.	1831.	1832.	1833.
Indre-et-Loire…	Naissances des enfans légitimes..	7,374	7,081	7,078	7,473	7,224	7,464	7,202	7,362	6,950	
	——— des enfans naturels…	646	566	749	534	508	500	523	538	513	
	Nombre total des enfans trouvés.	287	275	317	333	303	333	294	328	304	346
Isère…	Naissances des enfans légitimes..	16,641	16,034	16,417	16,142	15,676	16,087	16,116	16,869	16,257	
	——— des enfans naturels…	1,394	1,416	1,539	1,489	1,568	1,390	1,470	1,522	1,485	
	Nombre total des enfans trouvés.	560	514	540	538	575	471	545	608	569	540
Jura…	Naissances des enfans légitimes..	8,562	8,183	8,451	8,680	8,229	8,518	8,381	8,170	8,142	
	——— des enfans naturels…	438	561	588	493	452	460	531	455	528	
	Nombre total des enfans trouvés.	69	67	68	64	58	80	76	85	93	70
Landes…	Naissances des enfans légitimes..	7,573	7,988	7,825	7,814	8,088	7,781	7,807	8,986	7,787	
	——— des enfans naturels…	1,024	741	925	880	828	777	798	410	323	
	Nombre total des enfans trouvés.	280	332	295	335	344	336	300	324	343	322
Loir-et-Cher…	Naissances des enfans légitimes..	7,190	7,075	7,090	7,048	6,810	6,794	6,621	6,942	6,622	
	——— des enfans naturels…	551	529	558	579	627	645	561	593	638	
	Nombre total des enfans trouvés.	328	265	247	247	338	357	316	286	325	312
Loire…	Naissances des enfans légitimes..	12,959	13,125	13,550	13,502	13,386	13,831	13,494	14,189	13,539	
	——— des enfans naturels…	441	519	545	533	582	600	582	609	644	
	Nombre total des enfans trouvés.	249	257	308	276	296	344	392	388	428	407
Loire (Haute-)…	Naissances des enfans légitimes..	8,381	7,701	8,054	8,549	8,437	8,316	9,682	8,556	8,359	
	——— des enfans naturels…	280	238	251	308	293	318	365	206	239	
	Nombre total des enfans trouvés.	241	183	187	237	201	207	207	201	233	230
Loire-Inférieure…	Naissances des enfans légitimes..	12,173	12,287	12,226	12,104	12,767	11,729	12,795	13,187	11,805	
	——— des enfans naturels…	753	679	639	626	942	712	691	653	667	
	Nombre total des enfans trouvés.	350	366	316	306	320	354	355	365	330	376
Loiret…	Naissances des enfans légitimes..	9,675	9,239	9,111	9,364	8,714	8,862	8,586	9,091	8,523	
	——— des enfans naturels…	972	840	851	763	857	687	576	638	898	
	Nombre total des enfans trouvés.	467	445	449	468	478	454	432	465	469	455
Lot…	Naissances des enfans légitimes..	7,135	7,097	7,145	7,028	7,288	7,152	6,936	7,268	6,792	
	——— des enfans naturels…	428	332	335	301	303	357	301	388	364	
	Nombre total des enfans trouvés.	237	112	57	52	76	91	85	115	127	118
Lot-et-Garonne…	Naissances des enfans légitimes..	7,819	7,613	8,000	7,249	7,615	7,484	7,221	7,270	6,713	
	——— des enfans naturels…	508	498	516	515	560	554	538	522	506	
	Nombre total des enfans trouvés.	335	346	317	319	353	379	338	371	340	313
Lozère…	Naissances des enfans légitimes..	3,869	3,850	3,886	4,164	3,927	4,066	3,785	4,174	4,016	
	——— des enfans naturels…	182	178	172	177	202	182	206	207	211	
	Nombre total des enfans trouvés.	125	85	156	74	74	124	96	134	124	114
Maine-et-Loire…	Naissances des enfans légitimes..	11,411	11,261	11,144	11,083	10,829	10,582	10,896	11,546	10,301	
	——— des enfans naturels…	786	701	741	694	738	676	810	924	833	
	Nombre total des enfans trouvés.	537	499	566	534	581	492	570	512	572	584
Manche…	Naissances des enfans légitimes..	13,972	13,367	12,920	13,424	12,951	13,321	13,203	13,379	13,244	
	——— des enfans naturels…	895	968	790	793	874	868	801	943	765	
	Nombre total des enfans trouvés.	633	549	508	460	535	512	484	532	510	459
Marne…	Naissances des enfans légitimes..	9,845	9,663	9,660	9,666	9,384	9,222	9,183	9,308	8,272	
	——— des enfans naturels…	784	797	834	782	795	754	763	709	669	
	Nombre total des enfans trouvés.	298	305	261	345	378	422	490	517	569	402
Marne (Haute-)…	Naissances des enfans légitimes..	6,742	6,679	6,771	6,860	6,574	6,526	5,918	6,387	5,764	
	——— des enfans naturels…	291	303	307	251	342	297	354	378	429	
	Nombre total des enfans trouvés.	141	136	131	119	145	141	162	159	166	142
Mayenne…	Naissances des enfans légitimes..	9,798	10,051	9,531	9,453	9,483	8,939	9,590	9,254	8,976	
	——— des enfans naturels…	627	526	477	482	497	481	507	622	568	
	Nombre total des enfans trouvés.	344	277	375	299	288	247	239	299	278	275
Meurthe…	Naissances des enfans légitimes..	11,795	11,466	12,325	12,100	12,062	12,402	12,139	11,913	11,071	
	——— des enfans naturels…	852	1,131	892	884	843	843	941	936	890	
	Nombre total des enfans trouvés.	291	318	337	346	322	375	419	433	426	421
Meuse…	Naissances des enfans légitimes..	8,983	8,686	8,974	8,835	8,946	8,723	8,366	7,605	7,550	
	——— des enfans naturels…	459	437	494	427	483	487	433	379	543	
	Nombre total des enfans trouvés.	127	110	120	101	129	142	139	165	204	174
Morbihan…	Naissances des enfans légitimes..	14,282	14,466	13,770	13,835	14,432	13,227	14,153	15,191	13,820	
	——— des enfans naturels…	455	442	424	360	421	376	358	336	411	
	Nombre total des enfans trouvés.	206	208	187	163	203	191	180	171	223	239

DÉPARTEMENS.		1824.	1825.	1826.	1827.	1828.	1829.	1830.	1831.	1832.	1833.
MOSELLE	Naissances des enfans légitimes	11,690	11,904	12,796	12,281	12,419	12,295	12,530	12,269	11,571	
	— des enfans naturels	720	710	553	727	744	712	818	787	815	
	Nombre total des enfans trouvés	78	131	103	92	117	87	126	146	166	94
NIÈVRE	Naissances des enfans légitimes	9,214	8,215	9,348	9,110	8,605	8,919	9,207	9,483	9,352	
	— des enfans naturels	387	357	349	387	296	372	423	328	465	
	Nombre total des enfans trouvés	362	361	362	373	272	294	323	319	343	346
NORD	Naissances des enfans légitimes	30,734	31,401	30,933	29,956	30,100	29,239	28,666	30,403	27,490	
	— des enfans naturels	2,962	3,079	3,223	2,948	3,102	2,870	2,865	3,055	2,988	
	Nombre total des enfans trouvés	991	943	931	880	851	868	872	1,010	980	809
OISE	Naissances des enfans légitimes	10,676	10,277	9,918	10,045	9,383	9,431	9,400	9,761	9,035	
	— des enfans naturels	713	672	751	697	699	652	686	733	728	
	Nombre total des enfans trouvés	192	198	238	218	244	259	291	291	316	261
ORNE	Naissances des enfans légitimes	9,953	9,696	9,529	9,608	9,699	9,006	8,961	9,361	8,947	
	— des enfans naturels	457	458	464	597	492	467	466	417	378	
	Nombre total des enfans trouvés	220	253	214	219	281	204	219	260	211	204
PAS-DE-CALAIS	Naissances des enfans légitimes	18,523	18,067	18,067	17,901	17,577	16,977	17,253	17,856	16,751	
	— des enfans naturels	1,648	1,684	1,633	1,578	1,780	1,764	1,725	1,792	1,715	
	Nombre total des enfans trouvés	404	403	371	371	474	496	485	502	569	428
PUY-DE-DÔME	Naissances des enfans légitimes	15,730	15,748	15,829	16,440	14,986	16,217	16,353	15,978	16,377	
	— des enfans naturels	512	505	616	542	661	537	665	728	708	
	Nombre total des enfans trouvés	430	380	415	659	478	425	451	471	450	398
PYRÉNÉES (BASSES-)	Naissances des enfans légitimes	9,995	10,282	10,394	10,342	10,764	10,461	10,255	10,489	10,417	
	— des enfans naturels	1,059	1,081	1,039	1,017	1,073	856	810	777	770	
	Nombre total des enfans trouvés	511	498	450	427	522	506	534	542	519	533
PYRÉNÉES (HAUTES-)	Naissances des enfans légitimes	5,569	5,466	6,107	5,661	5,805	5,659	5,715	5,691	5,471	
	— des enfans naturels	633	578	567	534	450	458	469	458	525	
	Nombre total des enfans trouvés	218	211	219	232	185	204	220	223	252	220
PYRÉNÉES ORIENT.	Naissances des enfans légitimes	5,106	5,205	5,422	5,443	5,647	5,422	5,400	5,800	5,202	
	— des enfans naturels	514	531	342	339	325	308	393	466	372	
	Nombre total des enfans trouvés	275	264	262	294	310	262	282	325	253	296
RHIN (BAS-)	Naissances des enfans légitimes	17,380	17,157	17,671	17,349	17,277	17,277	17,321	17,560	16,955	
	— des enfans naturels	1,214	1,320	1,436	1,495	1,639	1,507	1,471	1,810	1,396	
	Nombre total des enfans trouvés	151	245	141	151	180	176	180	267	200	137
RHIN (HAUT-)	Naissances des enfans légitimes	14,167	14,294	15,030	15,127	14,806	14,830	14,854	14,640	13,278	
	— des enfans naturels	991	919	1,221	1,143	1,156	1,124	1,194	1,139	980	
	Nombre total des enfans trouvés	51	49	34	42	38	48	44	55	78	49
RHÔNE	Naissances des enfans légitimes	12,566	12,600	13,487	13,079	13,417	13,264	12,889	13,553	12,933	
	— des enfans naturels	2,165	2,215	2,325	2,358	2,276	2,273	2,065	2,210	1,930	
	Nombre total des enfans trouvés	1,776	1,761	1,939	1,930	2,063	2,022	1,870	2,004	1,960	1,905
SAÔNE (HAUTE-)	Naissances des enfans légitimes	8,856	8,871	9,134	9,059	9,048	9,452	9,617	9,120	8,615	
	— des enfans naturels	1,060	1,026	1,596	1,631	1,313	1,434	1,425	841	713	
	Nombre total des enfans trouvés	8	24	17	16	12	9	12	3	8	12
SAÔNE-ET-LOIRE	Naissances des enfans légitimes	16,336	15,609	16,383	16,127	15,063	15,840	16,407	16,665	15,764	
	— des enfans naturels	982	976	990	943	900	1,002	983	1,092	1,064	
	Nombre total des enfans trouvés	207	186	194	205	231	239	259	308	331	307
SARTHE	Naissances des enfans légitimes	11,887	12,123	12,779	12,224	11,888	11,993	10,953	11,397	10,618	
	— des enfans naturels	991	935	948	910	788	807	877	949	891	
	Nombre total des enfans trouvés	508	428	534	474	576	410	446	447	419	160
SEINE	Naissances des enfans légitimes	23,063	23,868	24,538	24,496	24,299	23,534	23,788	24,391	21,845	
	— des enfans naturels	10,713	10,606	11,147	11,013	11,148	10,615	10,711	11,044	9,885	
	Nombre total des enfans trouvés	5,425	5,456	5,585	5,609	5,671	5,487	5,341	5,803	5,139	5,008
SEINE-ET-MARNE	Naissances des enfans légitimes	10,188	9,792	9,224	9,429	9,048	8,335	8,506	9,106	8,670	
	— des enfans naturels	467	326	401	532	471	404	404	489	455	
	Nombre total des enfans trouvés	104	117	96	120	111	101	94	132	249	178
SEINE-ET-OISE	Naissances des enfans légitimes	12,120	11,478	11,702	11,633	11,453	11,219	10,455	11,234	10,708	
	— des enfans naturels	788	812	822	792	778	724	672	791	688	
	Nombre total des enfans trouvés	32	36	30	33	44	55	67	54	94	82
SEINE-INFÉRIEURE	Naissances des enfans légitimes	19,172	19,032	19,030	18,982	18,692	17,751	18,104	18,472	16,820	
	— des enfans naturels	2,249	2,169	2,231	2,316	2,219	2,246	2,126	2,361	2,013	
	Nombre total des enfans trouvés	906	834	887	948	1,019	1,139	1,042	1,207	1,017	950

DÉPARTEMENS.		1824.	1825.	1826.	1827.	1828.	1829.	1830.	1831.	1832.	1833.
SÈVRES (DEUX-)	Naissances des enfans légitimes	7,428	7,267	7,537	7,117	7,367	7,099	7,574	7,485	6,823	
	— des enfans naturels	321	275	311	259	315	276	357	320	401	
	Nombre total des enfans trouvés	158	134	165	97	169	134	169	164	190	181
SOMME	Naissances des enfans légitimes	14,747	14,109	14,313	13,814	13,863	12,508	13,439	14,115	12,881	
	— des enfans naturels	1,174	1,217	1,187	1,045	1,077	1,016	920	1,226	994	
	Nombre total des enfans trouvés	292	267	278	301	480	363	354	371	449	517
TARN	Naissances des enfans légitimes	9,797	9,589	10,040	9,678	9,570	9,779	9,840	10,120	9,258	
	— des enfans naturels	398	385	381	358	415	422	360	418	370	
	Nombre total des enfans trouvés	266	259	238	221	274	248	241	248	255	300
TARN-ET-GARONNE	Naissances des enfans légitimes	5,892	5,805	5,955	5,731	5,746	6,069	6,071	6,096	5,398	
	— des enfans naturels	250	307	277	271	244	204	211	243	253	
	Nombre total des enfans trouvés	178	188	138	142	152	119	147	136	137	158
VAR	Naissances des enfans légitimes	8,332	8,828	8,164	8,739	8,585	8,386	8,971	8,694	8,978	
	— des enfans naturels	696	632	579	561	582	564	588	599	585	
	Nombre total des enfans trouvés	557	495	673	427	425	427	425	556	527	537
VAUCLUSE	Naissances des enfans légitimes	7,883	7,894	7,681	7,663	7,887	6,903	7,905	8,059	7,469	
	— des enfans naturels	546	568	564	468	529	519	442	450	445	
	Nombre total des enfans trouvés	443	435	427	413	454	415	426	466	403	390
VENDÉE	Naissances des enfans légitimes	9,283	9,119	9,021	9,629	9,067	8,822	9,186	9,425	8,799	
	— des enfans naturels	339	279	238	162	211	265	247	337	272	
	Nombre total des enfans trouvés	196	178	162	141	164	155	159	199	216	174
VIENNE	Naissances des enfans légitimes	7,227	7,179	7,374	7,591	7,644	7,661	7,773	7,763	7,804	
	— des enfans naturels	190	216	219	200	223	242	231	221	205	
	Nombre total des enfans trouvés	182	169	181	193	208	188	209	186	142	204
VIENNE (HAUTE-)	Naissances des enfans légitimes	9,378	8,763	8,774	9,050	9,198	9,168	9,392	9,358	9,434	
	— des enfans naturels	522	521	549	449	551	639	624	560	545	
	Nombre total des enfans trouvés	444	386	411	395	386	381	432	459	388	421
VOSGES	Naissances des enfans légitimes	11,341	10,842	11,316	11,509	11,609	12,071	11,448	11,338	11,504	
	— des enfans naturels	808	859	821	975	727	873	674	855	731	
	Nombre total des enfans trouvés	25	19	10	20	49	32	34	40	47	23
YONNE	Naissances des enfans légitimes	9,861	9,349	9,537	9,559	9,187	8,883	8,907	8,620	8,744	
	— des enfans naturels	555	436	487	495	517	551	393	491	446	
	Nombre total des enfans trouvés	910	206	207	218	205	211	246	239	227	188

TOTAUX.

	1824.	1825.	1826.	1827.	1828.	1829.	1830.	1831.	1832.	1833.
Naissances des enfans légitimes	912,978	904,594	920,720	909,428	905,843	895,176	898,577	915,298	870,509	
— des enfans naturels	71,174	69,392	72,471	70,768	70,704	69,351	69,247	71,411	67,677	
Nombre total des enfans trouvés	33,792	32,278	32,876	32,504	33,749	33,141	33,431	35,884	35,435	33,191

TABLEAU,

PAR DÉPARTEMENS ET PAR ANNÉES,

DU NOMBRE MOYEN DES ENFANS TROUVÉS ET ABANDONNÉS,

ET DES DÉPENSES MOYENNES FAITES POUR LEUR ENTRETIEN, DE 1824 A 1833.

NOMBRE MOYEN DES ENFANS TROUVÉS.

DÉPARTEMENS.	1824.	1825.	1826.	1827.	1828.	1829.	1830.	1831.	1832.	1833.
Ain	418	461	460	466	476	478	481	495	554	600
Aisne	1,563	1,468	1,413	1,469	1,562	1,635	1,571	1,558	1,656	1,629
Allier	1,551	1,636	1,708	1,715	1,693	1,790	1,883	1,876	1,967	2,002
Alpes (Basses-)	1,111	1,045	950	985	1,006	1,076	1,135	1,212	1,193	1,170
Alpes (Hautes-)	518	536	495	492	486	486	519	544	559	496
Ardèche	443	471	497	538	561	570	590	607	636	602
Ardennes	486	506	482	489	507	545	559	606	662	649
Ariège	836	815	804	811	853	904	1,016	1,072	1,055	558
Aube	594	634	654	686	706	717	724	742	747	757
Aude	997	1,022	1,062	1,158	1,233	1,318	1,358	1,405	1,421	1,409
Aveyron	2,008	2,066	2,089	2,177	2,210	2,052	1,884	2,073	2,079	2,170
Bouches-du-Rhône	2,049	2,161	2,141	2,009	2,198	2,262	2,479	2,639	2,776	2,855
Calvados	2,192	2,219	2,289	2,233	1,644	1,659	1,713	1,853	1,986	1,934
Cantal	625	596	760	803	804	901	1,009	1,088	1,171	1,159
Charente	1,138	1,229	1,242	1,295	1,336	1,337	1,398	1,481	1,515	1,573
Charente-Inférieure	1,492	1,545	1,586	1,610	1,534	1,108	1,159	1,364	1,441	1,524
Cher	1,025	1,508	1,043	777	706	737	857	983	1,066	1,097
Corrèze	999	1,026	1,168	1,273	1,160	843	937	850	894	475
Corse	560	454	230	280	375	422	447	463	460	488
Côte-d'Or	607	674	709	727	679	670	689	703	747	767
Côtes-du-Nord	756	704	765	715	602	744	689	698	537	520
Creuze	1,235	1,069	1,127	1,075	1,050	1,057	1,036	1,046	1,135	1,130
Dordogne	2,113	2,246	1,910	1,308	1,494	1,566	1,188	1,409	1,465	1,547
Doubs	571	561	568	573	586	589	619	657	679	654
Drôme	1,132	1,187	1,145	1,092	1,140	1,172	1,194	1,215	1,193	1,175
Eure	533	511	499	509	517	502	509	512	490	496
Eure-et-Loir	630	686	721	754	681	766	769	817	861	893
Finistère	1,600	1,716	1,648	1,604	1,597	1,516	1,519	1,552	1,546	1,517
Gard	927	956	907	845	834	838	867	902	946	1,027
Garonne (Haute-)	1,865	1,889	972	1,033	1,250	1,463	1,660	1,878	2,076	2,223
Gers	1,958	1,976	1,968	1,969	1,971	2,011	2,106	2,234	2,198	2,083
Gironde	3,218	3,260	3,433	3,671	3,669	3,657	3,739	3,783	3,807	3,969
Hérault	822	873	896	1,000	1,080	1,102	1,159	1,158	1,166	1,161
Ille-et-Vilaine	1,888	1,733	1,551	1,256	1,189	1,036	1,114	1,184	1,282	1,286
Indre	863	894	945	987	1,002	1,012	1,026	815	775	764
Indre-et-Loire	847	911	945	992	1,002	984	985	1,002	1,007	1,022
Isère	1,574	1,453	1,779	1,763	1,739	1,734	1,725	1,786	1,907	1,980
Jura	504	462	461	445	435	413	430	443	466	458
Landes	1,196	1,276	1,345	1,417	1,499	1,504	1,019	1,244	1,361	1,534
Loir-et-Cher	806	788	813	789	793	786	882	922	897	822
Loire	923	994	1,014	1,060	1,113	1,160	1,244	1,318	1,427	1,478
Loire (Haute-)	936	1,016	1,037	809	832	861	909	933	974	1,051
Loire-Inférieure	1,354	1,366	1,215	1,070	1,093	1,098	1,089	1,092	1,094	1,062
Loiret	1,200	1,265	1,316	1,297	1,330	1,384	1,448	1,517	1,550	1,553
Lot	1,049	811	590	538	510	530	552	568	591	581
Lot-et-Garonne	1,130	1,111	1,100	1,187	1,142	1,176	1,329	1,417	1,451	1,438
Lozère	516	413	486	423	444	503	504	567	602	616
Maine-et-Loire	2,069	2,152	1,988	1,260	1,345	1,413	1,553	1,685	1,962	2,194
Manche	2,051	1,402	1,302	1,344	1,442	1,510	1,549	1,723	1,854	1,768
Marne	1,228	1,221	1,180	1,141	1,191	1,290	1,386	1,617	1,687	1,487
Marne (Haute-)	607	602	616	610	615	628	661	679	707	721
Mayenne	1,205	1,264	989	566	590	630	703	784	853	878
Meurthe	1,774	1,648	1,741	1,701	1,660	1,706	1,764	1,795	1,797	1,795

DÉPENSE-MOYENNE POUR CHAQUE ENFANT. (fr. c.) — et **TERME MOYEN** annuel du nombre des enfans — **MOYENNE** de la dépense annuelle de chaque enfant.

DÉPARTEMENS.	1824.	1825.	1826.	1827.	1828.	1829.	1830.	1831.	1832.	1833.	TERME MOYEN du nombre des enfans.	MOYENNE de la dépense de chaque enfant.
Ain	58 16	55 61	59 16	61 33	62 12	62 19	66 46	67 69	65 43	64 35	489	62 50
Aisne	68 82	72 37	69 89	66 57	68 73	68 44	67 93	65 68	64 96	65 32	1,552	67 85
Allier	51 33	52 25	53 15	53 50	54 01	53 30	53 07	52 87	53 25	52 97	1,782	52 99
Alpes (Basses-)	84 50	66 68	69 61	73 30	79 21	76 04	75 26	74 12	65 18	67 52	1,088	73 11
Alpes (Hautes-)	101 17	100 97	99 15	98 54	98 10	98 74	97 52	97 10	97 10	84 »	514	97 20
Ardèche	84 36	83 03	83 33	83 05	83 39	77 77	77 11	75 40	75 42	77 67	551	79 80
Ardennes	92 19	92 44	94 70	92 19	87 34	87 52	87 23	87 56	87 42	89 37	549	89 50
Ariège	54 91	54 3	53 11	54 38	53 90	54 51	52 39	52 71	51 79	61 40	872	53 97
Aube	74 15	71 57	68 48	67 60	67 10	67 68	64 96	66 16	67 17	66 94	696	68 03
Aude	71 94	62 62	61 87	62 79	61 13	60 32	58 97	58 53	58 73	57 81	1,238	61 09
Aveyron	64 61	64 23	64 34	63 31	164 71	63 93	62 24	62 25	64 86	65 88	2,081	64 08
Bouches-du-Rhône	92 37	92 65	94 46	97 31	94 53	94 61	95 01	95 82	95 42	95 50	2,349	94 83
Calvados	92 81	92 77	92 22	95 43	98 26	94 52	95 72	95 66	97 09	84 03	1,970	93 79
Cantal	78 93	81 48	67 69	68 16	66 86	64 93	62 97	62 20	56 38	63 44	892	66 21
Charente	69 44	67 26	67 05	68 50	66 54	67 07	67 26	67 30	67 76	66 31	1,354	67 42
Charente-Inférieure	86 66	83 26	84 88	70 71	70 26	94 21	93 83	93 02	93 19	92 39	1,436	85 70
Cher	78 90	78 18	78 70	82 95	89 93	90 50	90 34	90 86	89 52	88 93	935	85 50
Corrèze	48 73	51 74	42 24	39 59	38 85	55 39	59 18	65 60	58 96	75 71	963	51 34
Corse	91 23	94 84	117 61	194 57	48 76	132 47	130 34	132 95	134 81	135 15	418	129 22
Côte-d'Or	67 93	82 27	69 53	70 27	67 54	67 87	68 57	69 42	65 86	68 24	697	69 72
Côtes-du-Nord	75 50	65 01	63 63	60 26	59 15	61 31	66 62	68 21	67 34	67 53	683	65 38
Creuze	51 85	54 13	51 73	53 38	50 43	49 67	50 47	50 54	49 61	53 06	1,097	51 50
Dordogne	62 53	62 03	63 50	64 61	64 24	63 04	66 14	65 77	65 54	57 47	1,625	63 39
Doubs	105 17	113 70	109 59	119 37	118 68	110 64	110 83	107 43	107 07	109 06	606	110 96
Drôme	79 24	72 21	70 70	69 95	67 94	66 75	68 03	68 12	67 87	67 45	1,165	69 81
Eure	78 97	78 14	77 16	77 54	78 52	74 96	75 78	75 62	76 37	77 96	508	77 09
Eure-et-Loir	103 69	99 54	97 16	98 24	97 21	92 73	93 99	92 35	95 68	96 56	758	96 44
Finistère	74 12	70 04	73 52	75 59	74 12	74 12	73 21	74 37	74 59	74 18	1,584	73 68
Gard	90 20	87 31	82 89	81 49	80 76	80 51	92 13	96 83	100 17	99 36	904	89 51
Garonne (Haute-)	67 32	68 30	101 31	63 91	61 32	58 41	56 83	56 90	55 55	58 22	1,631	62 96
Gers	86 02	83 83	74 83	75 13	77 59	75 79	72 14	66 40	65 33	62 26	2,047	73 90
Gironde	99 58	97 99	96 66	91 17	91 50	94 74	94 28	93 90	97 04	90 94	3,620	94 72
Hérault	87 88	83 89	84 16	81 »	78 67	78 07	77 69	77 97	78 47	79 60	1,042	80 33
Ille-et-Vilaine	46 21	48 34	43 92	44 53	42 33	46 43	48 47	54 07	52 20	55 01	1,352	48 07
Indre	71 86	70 85	69 95	69 21	68 21	68 83	69 30	73 31	73 15	72 81	908	70 81
Indre-et-Loire	94 98	85 09	86 42	84 87	84 70	85 78	85 24	87 42	85 »	87 83	970	86 50
Isère	55 30	64 79	53 75	53 36	53 53	53 28	50 65	51 07	52 08	53 17	1,744	53 87
Jura	88 95	87 71	88 08	87 77	89 20	92 98	90 76	91 60	95 97	96 52	452	90 86
Landes	72 »	72 33	72 55	73 23	72 94	66 60	62 12	59 45	58 62	56 17	1,340	66 60
Loir-et-Cher	93 42	98 54	91 90	93 73	92 38	97 58	90 27	90 60	94 36	100 39	829	94 31
Loire	68 72	66 73	69 43	69 70	70 79	72 39	70 77	72 18	72 06	73 10	1,173	70 84
Loire (Haute-)	68 15	63 79	61 83	73 39	71 12	70 12	66 44	67 27	68 09	68 17	935	67 60
Loire-Inférieure	98 67	98 81	105 81	87 57	90 71	90 52	87 34	90 36	91 87	95 72	1,154	94 05
Loiret	116 09	117 57	110 56	113 70	111 04	108 44	108 50	105 69	101 72	102 52	1,386	109 17
Lot	66 37	63 15	60 35	58 22	57 48	65 67	62 27	61 94	59 83	61 59	632	62 09
Lot-et-Garonne	86 98	86 42	81 65	86 40	86 96	85 81	84 21	82 55	83 04	81 12	1,248	85 28
Lozère	81 88	82 43	58 81	74 37	67 99	74 80	77 31	75 95	70 24	72 »	507	73 52
Maine-et-Loire	83 31	82 65	82 68	84 55	85 65	84 58	83 61	87 40	83 96	83 93	1,762	84 10
Manche	73 28	75 24	75 97	74 66	73 93	72 12	75 38	73 50	73 80	72 96	1,595	74 02
Marne	99 34	97 69	96 49	96 34	98 13	93 57	93 03	92 36	86 50	103 53	1,343	95 37
Marne (Haute-)	78 35	79 65	79 74	80 52	80 16	81 34	83 97	78 19	77 93	76 18	644	79 43
Mayenne	84 23	83 75	85 51	90 32	123 05	116 45	113 19	113 69	113 »	113 34	846	100 91
Meurthe	74 20	78 30	74 91	77 26	76 91	75 41	77 04	78 52	82 18	84 71	1,735	78 16

NOMBRE MOYEN DES ENFANS TROUVÉS.

DÉPARTEMENS.	1824.	1825.	1826.	1827.	1828.	1829.	1830.	1831.	1832.	1833.
Meuse	525	532	543	553	548	549	568	591	·628	
Morbihan	1,261	1,176	1,103	978	951	1,010	1,024	1,029	1,072	
Moselle	1,088	1,018	978	920	887	826	791	75 9	735	
Nièvre	1,597	1,661	1,663	1,595	1,528	1,345	1,368	1,449	1,461	
Nord	3,570	3,701	3,749	3,487	3,185	3,359	3,432	3,549	3,769	
Oise	842	851	868	867	900	951	953	933	1.065	
Orne	1,180	1,196	1,194	1,191	880	825	871	938	982	
Pas-de-Calais	1 363	1,323	1,324	1,338	1,273	1,342	1,419	1,478	1,585	
Puy-de-Dôme	1,856	1,885	1,884	1,674	1,558	1,673	1,821	1,953	2,000	
Pyrénées (Basses-)	1,618	1,725	1,756	1,827	1,753	1,785	1,876	1,949	1,987	
Pyrénées (Hautes-)	708	814	824	846	768	777	762	877	877	
Pyrénées-Orientales	576	554	546	555	536	530	494	536	539	
Rhin (Bas-)	930	784	729	619	630	616	618	638	621	
Rhin (Haut-)	235	235	224	228	216	216	224	233	·241	
Rhône	7,089	7,622	8,191	8,566	9,032	9,301	9,232	9,908	10,245	1
Saône (Haute-)	53	59	75	72	73	80	79	69	64	
Saône-et-Loire	1,182	1,157	1,166	1,166	1,082	1,124	1,197	1,292	1,382	
Sarthe	1,309	1,392	1,383	1,263	1,185	1,172	1,274	1,339	1,415	
Seine	13,493	13,863	14,139	14,890	15,333	15,556	15,561	15,915	15,903	1
Seine-et-Marne	271	306	315	314	323	327	314	360	436	
Seine-et-Oise	98	101	110	114	111	118	124	130	133	
Seine-Inférieure	2,284	2,233	2,163	2,218	2,139	2,258	2,306	2,436	2,492	
Sèvres (Deux-)	671	695	682	624	391	357	432	501	594	
Somme	1,394	1,358	1,342	1,350	1,179	965	1,037	1,105	1,205	
Tarn	1,169	1,247	1,181	898	1,129	1,083	1,193	1,213	1,185	
Tarn-et-Garonne	532	558	609	682	693	689	717	721	689	
Var	2,312	1,946	1,610	1,408	1,665	1,793	1,843	1,918	1,940	
Vaucluse	1,442	1,530	1,583	1,593	1,621	1,602	1,599	1,624	1,655	
Vendée	697	649	651	690	712	629	590	652	728	
Vienne	811	774	811	849	651	623	799	859	945	
Vienne (Haute-)	1,400	1,373	1,327	1,286	1,275	1,223	1,284	1,422	1,453	
Vosges	108	108	97	95	90	99	102	121	119	
Yonne	811	841	803	741	804	818	835	798	909	
TOTAUX	116,767	117,305	116,377	114,384	114,307	115,472	118,073	123,869	127,982	12

TOTAL DES DÉ-

1824.	1825.	1826.	1827.	1828
fr. c.	fr. c.	fr. c.	fr. c.	fr.
9,800,212 11	9,796,780 91	9,662,066 13	9,485,661 03	9,445,575

DÉPENSE MOYENNE POUR CHAQUE ENFANT.

DÉPARTEMENS.	1824.	1825.	1826.	1827.	1828.	1829.	1830.	1831.	1832.	1833.	TERME MOYEN annuel du nombre des enfans.	MOYENNE DE LA DÉPENSE annuelle de chaque enfant.
	fr. c.	fr. c.	fr. c.	fr. c.	fr. c.	fr. c.	fr. c.	fr. c.	fr. c.	fr. c.		fr. c.
Meuse	77 65	79 05	76 83	79 83	77 23	76 95	76 63	77 42	73 26	77 96	572	76 96
Morbihan	73 28	73 19	73 68	75 14	73 31	73 97	73 52	73 26	73 30	73 31	1,072	73 52
Moselle	69 44	68 05	67 84	70 36	65 25	64 86	65 47	65 56	70 98	70 24	868	67 89
Nièvre	63 29	61 75	62 04	63 06	55 53	55 71	56 70	58 26	61 89	64 09	1,516	56 77
Nord	95 42	93 19	95 25	97 29	97 01	95 86	94 90	92 75	91 91	94 44	3,547	95 09
Oise	78 30	81 87	82 35	84 72	84 06	80 14	80 30	81 16	73 07	88 20	920	81 31
Orne	69 53	70 19	69 16	69 54	70 78	84 04	77 02	70 88	72 98	72 89	1,029	72 20
Pas-de-Calais	114 13	118 62	116 09	116 56	113 63	112 »	108 04	108 83	106 94	103 93	1,409	111 55
Puy-de-Dôme	48 53	51 70	53 24	53 75	53 52	55 17	53 60	52 31	52 23	53 82	1,826	52 72
Pyrénées (Basses-)	68 52	65 67	69 48	60 69	59 72	58 93	58 81	58 44	57 »	58 03	1,823	61 33
Pyrénées (Hautes-)	69 17	62 19	61 48	59 22	68 84	58 48	57 23	50 34	51 86	50 88	821	57 95
Pyrénées-Orientales	70 87	69 62	71 65	67 54	66 95	66 79	66 33	63 80	69 30	68 08	545	68 01
Rhin (Bas-)	140 45	144 34	158 04	153 45	151 97	160 76	155 52	186 78	166 37	162 07	683	158 35
Rhin (Haut-)	92 44	95 03	87 08	95 36	97 61	89 38	93 42	92 87	89 60	88 23	231	92 01
Rhône	79 78	82 52	83 16	78 86	79 17	74 17	75 91	71 31	69 11	66 87	8,949	75 55
Saône (Haute-)	181 74	172 71	137 89	146 16	137 74	154 76	144 90	170 24	171 54	146 14	68	156 38
Saône-et-Loire	80 43	80 87	77 25	75 89	75 68	77 10	76 95	77 67	78 24	78 32	1,217	77 88
Sarthe	71 17	70 04	69 55	69 72	69 22	69 05	69 47	70 60	70 54	63 58	1,301	69 45
Seine	119 82	114 24	114 37	113 43	112 26	107 94	104 69	107 18	106 51	104 45	15,044	110 25
Seine-et-Marne	67 32	69 43	73 20	77 81	76 33	80 80	70 58	75 72	69 46	87 10	2,282	85 83
Seine-et-Oise	101 07	100 51	96 79	97 21	94 47	101 21	100 32	103 71	102 70	92 27	343	75 30
Seine-Inférieure	83 84	82 78	82 26	84 20	83 87	88 96	89 85	88 65	84 22	88 97	120	99 05
Sèvres (Deux-)	81 77	81 63	81 66	78 87	83 05	85 11	85 98	79 71	77 69	82 02	558	81 48
Somme	110 89	108 04	105 23	106 93	112 39	117 04	115 03	113 99	113 16	107 95	1,214	110 72
Tarn	53 53	53 43	55 46	59 35	57 15	61 67	57 32	58 24	58 57	57 10	1,165	57 08
Tarn-et-Garonne	85 26	86 24	86 05	81 42	83 86	83 12	82 98	80 69	78 51	77 27	660	82 55
Var	67 61	83 46	75 03	84 60	72 69	71 33	70 09	67 40	68 64	72 32	1,834	72 95
Vaucluse	91 85	97 41	84 14	82 63	79 13	79 73	76 39	75 30	75 92	76 38	1,589	82 29
Vendée	78 78	79 64	78 88	80 06	83 14	78 62	77 53	79 93	81 89	80 63	686	79 95
Vienne	75 46	79 48	79 08	74 20	102 94	84 82	69 61	69 06	68 81	73 42	809	75 79
Vienne (Haute-)	47 97	47 59	48 32	47 74	47 47	45 99	52 74	54 84	54 35	54 67	1,352	50 33
Vosges	101 05	97 69	92 73	89 12	93 43	93 46	78 97	78 19	85 54	94 08	104	90 03
Yonne	159 07	166 70	162 40	179 98	161 36	164 47	155 44	169 46	147 56	165 61	804	164 32
	83 93	83 51	83 02	82 92	82 63	81 91	81 22	81 02	80 15	80 31	119,230	82 »

ANNÉE PAR ANNÉE.

1829.	1830.	1831.	1832.	1833.
fr. c.	fr. c.	fr. c.	fr. c.	fr. c.
9,458,896 34	9,590,411 78	10,036,946 05	10,258,800 67	10,240,262 53

TABLEAU, PAR DÉPARTEMENS,
DES MOUVEMENS DES ENFANS TROUVÉS ET ABANDONNÉS,
ET DES DÉPENSES QU'ILS ONT OCCASIONNÉES,

PENDANT UNE PÉRIODE DÉCENNALE DE 1824 A 1833.

Colonnes : **ENTRÉES** = (1) NOMBRE d'Enfans trouvés existant dans les Hospices et dans les maisons qui en dépendent au 1er Janvier 1824 ; (2) NOMBRE TOTAL des Enfans trouvés, de 1824 à 1833. — **SORTIES** = ENFANS arrivés à l'âge où ils cessent d'être à charge aux Hospices ; RETIRÉS par les Parens ou par des Bienfaiteurs ; MORTS aux Hospices ; MORTS chez les Nourrices ; TOTAL. — NOMBRE D'ENFANS restant à la fin de la dernière année. — **DÉPENSES** = ENTRETIEN et NOURRITURE des Enfans ; AUTRES DÉPENSES ; DÉPENSE TOTALE.

DÉPARTEMENS.	Existant au 1er Janvier 1824	Nombre total 1824-1833	Enfans arrivés à l'âge	Retirés par Parens/Bienfaiteurs	Morts aux Hospices	Morts chez les Nourrices	Total	Nombre restant	Entretien et nourriture (fr. c.)	Autres dépenses (fr. c.)	Dépense totale (fr. c.)
AIN	410	2,044	321	165	183	743	1,412	632	296,947 81	8,516 61	305,464 42
AISNE	1,568	6,287	1,619	840	12	2,309	4,780	1,507	1,042,064 12	11,377 31	1,053,441 43
ALLIER	1,476	6,534	675	382	1,250	2,229	4,536	1,998	944,327 20	» »	944,327 20
ALPES (BASSES-)	1,079	3,946	568	462	398	1,363	2,791	1,155	786,340 92	9,126 31	795,467 23
ALPES (HAUTES-)	502	1,540	297	338	34	437	1,106	434	497,879 45	875 »	498,754 45
ARDÈCHE	453	1,566	314	294	20	414	1,042	524	437,724 53	1,944 19	439,668 72
ARDENNES	475	1,779	325	296	1	531	1,153	626	481,135 95	10,755 32	491,891 27
ARIÈGE	793	2,886	351	1,302	»	929	2,582	304	469,046 39	1,621 42	470,667 81
AUBE	582	2,594	386	78	69	1,301	1,834	760	450,565 02	22,935 44	473,500 46
AUDE	988	3,679	639	183	230	1,197	2,249	1,430	752,291 50	4,001 20	756,292 70
AVEYRON	1,918	6,772	1,143	810	430	2,027	4,410	2,362	1,226,796 »	106,859 »	1,333,655 »
BOUCHES-DU-RHÔNE	2,151	10,060	985	917	2,321	2,801	7,024	3,036	2,115,609 20	111,849 97	2,227,459 17
CALVADOS	2,197	7,649	1,002	1,157	643	2,842	5,644	2,005	1,763,430 33	84,243 02	1,847,673 35
CANTAL	752	3,203	461	604	260	697	2,022	1,181	587,992 31	2,619 80	590,612 11
CHARENTE	1,085	3,858	821	174	278	983	2,256	1,602	789,605 65	123,313 47	912,919 12
CHARENTE-INFÉR.	1,460	6,198	1,568	889	438	1,574	4,469	1,729	1,201,958 35	28,779 23	1,230,737 58
CHER	1,007	4,286	770	607	544	1,940	3,861	1,125	758,952 40	40,523 06	799,475 46
CORRÈZE	1,025	3,647	776	1,219	67	1,250	3,312	335	481,474 12	12,996 90	494,471 02
CORSE	598	2,470	691	188	59	1,050	1,988	482	479,974 04	60,192 37	540,166 41
CÔTES-D'OR	642	2,420	473	166	509	493	1,641	779	450,099 27	35,913 93	486,013 20
CÔTES-DU-NORD	753	2,111	523	287	64	678	1,552	559	434,518 86	12,030 28	446,549 14
CREUSE	1,247	3,692	818	689	275	814	2,596	1,096	555,152 15	9,805 »	564,957 15
DORDOGNE	2,070	7,953	1,256	2,445	59	2,586	6,346	1,607	1,026,739 48	3,413 05	1,030,152 53
DOUBS	585	1,795	408	75	102	556	1,141	654	618,730 »	53,706 »	672,436 »
DRÔME	1,204	3,315	680	447	53	949	2,129	1,186	795,377 08	17,310 45	812,687 53
EURE	536	1,939	394	150	41	860	1,445	494	360,131 54	31,491 »	391,622 54
EURE-ET-LOIR	580	3,129	385	266	36	1,515	2,202	927	705,991 10	25,050 54	731,041 64
FINISTÈRE	1,630	5,161	1,026	742	136	1,782	3,686	1,475	1,152,924 55	13,302 40	1,166,226 95
GARD	918	3,542	425	424	86	1,523	2,458	1,084	809,966 60	» »	809,966 60
GARONNE (HAUTE-)	1,803	7,044	1,371	338	1,964	1,042	4,715	2,329	1,026,982 79	» »	1,026,982 79
GERS	1,632	5,990	965	473	726	1,966	4,130	1,860	1,198,267 98	314,500 »	1,512,767 98
GIRONDE	3,410	12,695	425	1,864	1,683	4,576	8,548	4,147	3,258,607 41	170,258 04	3,428,865 45
HÉRAULT	827	4,081	416	281	912	1,246	2,855	1,226	835,700 22	1,442 »	837,142 22
ILLE-ET-VILAINE	1,894	6,029	1,364	799	943	1,619	4,725	1,304	630,969 »	18,175 »	649,144 »
INDRE	879	2,979	466	412	61	1,170	2,109	870	626,275 14	14,880 77	641,155 91
INDRE-ET-LOIRE	876	3,996	598	75	239	2,054	2,966	1,030	822,014 93	17,041 »	839,055 93
ISÈRE	1,578	7,038	1,211	337	1,542	2,004	5,094	1,944	911,243 91	28,338 85	939,582 76
JURA	517	1,947	365	27	48	370	810	437	391,637 16	19,052 89	410,690 05
LANDES	1,160	4,371	1,097	253	139	1,379	2,868	1,503	863,669 33	28,812 44	892,481 77
LOIR-ET-CHER	766	3,787	443	366	42	2,057	2,908	879	756,808 23	25,100 »	781,908 23
LOIRE	950	4,295	686	688	194	1,221	2,789	1,506	730,528 38	100,465 41	830,993 79
LOIRE (HAUTE-)	1,024	3,151	786	448	99	752	2,085	1,066	628,847 10	3,967 73	632,814 83
LOIRE-INFÉRIEURE	1,338	4,776	901	399	417	1,970	3,687	1,089	1,045,437 »	40,000 »	1,085,437 »
LOIRET	1,148	5,730	765	325	599	2,517	4,206	1,524	1,227,803 57	285,353 62	1,513,157 19
LOT	1,013	2,083	350	521	83	561	1,515	568	380,549 66	11,856 85	392,406 51
LOT-ET-GARONNE	1,027	4,438	342	925	387	1,349	3,003	1,435	1,000,498 64	63,810 12	1,064,308 76
LOZÈRE	496	1,602	245	309	»	425	979	623	369,651 95	3,185 10	372,787 05
MAINE-ET-LOIRE	2,024	7,471	1,704	713	316	2,449	5,182	2,289	1,467,878 24	14,049 24	1,481,927 48
MANCHE	2,156	7,338	847	2,170	391	2,339	5,747	1,591	1,172,121 21	8,650 04	1,180,771 25
MARNE	1,250	5,237	965	583	173	2,060	3,781	1,456	1,141,588 63	159,337 56	1,280,996 19
MARNE (HAUTE-)	611	2,053	391	326	11	623	1,351	702	439,991 54	71,558 25	511,549 79
MAYENNE	1,143	4,064	1,033	565	221	1,347	3,166	898	849,120 10	4,637 83	853,757 93
MEURTHE	1,817	5,505	1,120	771	205	1,341	3,437	2,068	1,346,199 86	9,982 80	1,356,182 66
MEUSE	526	1,953	384	152	61	673	1,270	683	424,551 97	15,703 48	440,262 45
MORBIHAN	1,306	3,277	404	619	145	817	1,985	1,292	782,716 80	5,435 85	788,152 65
MOSELLE	1,167	2,307	896	349	93	321	1,659	648	548,752 02	40,583 25	589,335 27
NIÈVRE	1,620	4,975	1,149	178	576	1,535	3,438	1,537	904,952 03	11,996 70	916,948 73
NORD	3,500	12,635	2,990	1,013	175	4,657	8,835	3,800	2,858,596 64	514,307 72	3,372,904 36
OISE	814	3,322	505	600	220	1,019	2,344	978	748,018 72	» »	748,018 72
ORNE	1,208	3,493	995	301	97	1,029	2,422	1,071	691,214 67	52,811 35	744,026 02
PAS-DE-CALAIS	1,344	5,867	962	664	53	2,473	4,152	1,715	1,520,228 90	51,259 34	1,571,488 33
PUY-DE-DÔME	1,862	6,419	1,560	826	296	1,759	4,441	1,978	953,359 67	9,307 45	962,667 12
PYRÉNÉES (BASSES-)	1,698	6,740	2,110	660	256	1,664	4,690	2,050	1,081,919 47	36,256 57	1,118,176 04
PYRÉNÉES (HAUTES-)	647	2,831	546	221	382	804	1,953	878	473,885 14	1,950 »	475,835 14
PYRÉNÉES-ORIENT.	562	3,385	503	278	1,017	981	2,779	606	369,677 93	960 22	370,638 15
RHIN (BAS-)	864	2,692	1,047	503	131	368	2,049	643	799,583 80	282,003 73	1,081,587 53
RHIN (HAUT-)	234	722	291	72	»	101	464	258	197,439 66	15,099 11	212,588 77
RHÔNE	6,766	25,996	3,653	636	2,588	8,606	15,453	10,543	2,209,134 09	4,552,213 48	6,761,347 57
SAÔNE (HAUTE-)	66	187	16	68	7	38	129	58	82,823 29	23,387 38	106,210 67
SAÔNE-ET-LOIRE	1,188	3,655	762	383	»	1,060	2,205	1,450	947,838 60	» »	947,838 60
SARTHE	1,237	5,639	720	1,007	616	2,166	4,509	1,130	900,637 28	2,950 »	903,587 28
SEINE	13,778	68,302	10,604	1,179	14,036	26,075	51,894	16,408	15,729,023 33	856,326 15	16,585,359 48
SEINE-INFÉRIEURE	2,457	12,426	1,701	1,007	1,279	6,064	10,051	2,375	1,854,374 40	104,306 56	1,958,680 96
SEINE-ET-MARNE	273	1,575	233	113	65	671	1,082	493	255,292 57	2,970 75	258,263 32
SEINE-ET-OISE	96	623	211	51	40	158	460	163	118,869 78	» »	118,869 78
SÈVRES (DEUX-)	670	2,231	248	644	59	595	1,546	685	454,687 80	» »	454,687 80
SOMME	1,408	5,080	1,150	1,086	160	1,542	3,938	1,142	917,165 16	427,011 34	1,344,176 50
TARN	1,119	3,665	840	92	190	1,227	2,349	1,320	663,611 09	1,330 75	664,941 84
TARN-ET-GARONNE	527	2,022	314	149	73	806	1,302	720	543,500 43	» »	543,500 43
VAR	2,253	7,302	2,095	535	1,097	1,618	5,345	1,957	1,206,263 34	129,748 08	1,336,012 42
VAUCLUSE	1,439	5,711	882	317	1,070	1,791	4,060	1,651	1,126,044 58	181,550 70	1,307,595 28
VENDÉE	648	2,392	308	414	37	748	1,507	885	543,487 73	4,981 52	548,469 25
VIENNE	785	2,647	362	331	195	713	1,601	1,046	612,218 37	937 50	613,155 87
VIENNE (HAUTE-)	1,403	5,506	886	191	1,285	1,643	4,006	1,500	680,515 42	8 »	680,523 42
VOSGES	101	400	122	145	8	30	305	95	92,757 79	845 70	93,603 49
YONNE	863	3,013	185	1,081	120	1,188	2,574	439	1,243,424 63	77,689 42	1,321,114 05
TOTAUX	116,452	452,749	78,590	46,025	46,755	151,750	323,120	129,629	88,132,712 09	9,642,900 91	97,775,613 »

Ressources ouvertes pour couvrir ces Dépenses.

JOURNÉES DE PRÉSENCE.	SOMMES votées aux budgets variables et facultatifs.	PRODUITS DES AMENDES et confiscations.	CONTINGENS assignés AUX HOSPICES.	SOMMES laissées à la charge DES COMMUNES.	AUTRES RESSOURCES.	TOTAL DES RESSOURCES.
435,188,850	59,795,432 fr. 15 c.	2,080,157 fr. 52 c.	11,559,478 fr. 26 c.	21,409,782 fr. 26 c.	1,933,507 fr. 81 c.	96,778,358 fr. 00 c.

TABLEAU, PAR DÉPARTEMENS,

DE LA MORTALITÉ ANNUELLE DES ENFANS TROUVÉS ET ABÀNDONNÉS, DE 1824 A 1834,

INDIQUANT LA PROPORTION DES DÉCÈS AU NOMBRE MOYEN DES ENFANS, CALCULÉ D'APRÈS LES EXISTENCES ANTÉRIEURES AU 1ᵉʳ JANVIER ET LES ADMISSIONS ANNUELLES.

NOMBRE DES DÉCÈS ANNUELS PARMI LES ENFANS TROUVÉS.

DÉPARTEMENS.	1824.	1825.	1826.	1827.	1828.	1829.	1830.	1831.	1832.	1833.	1834.
Ain	66	60	79	71	99	94	79	115	126	137	150
Aisne	283	261	202	161	195	218	274	277	264	186	272
Allier	272	352	350	393	385	308	318	367	323	411	219
Alpes (Basses-)	220	236	221	143	170	134	169	153	161	154	203
Alpes (Hautes-)	38	45	54	47	47	42	47	47	56	45	37
Ardèche	46	43	31	28	45	43	59	39	47	53	90
Ardennes	45	42	51	39	50	53	81	73	49	49	72
Ariège	76	94	95	51	110	95	82	136	97	93	95
Aube	124	162	152	131	131	131	159	134	111	135	152
Aude	128	121	128	100	101	143	173	153	175	205	158
Aveyron	273	263	294	187	266	261	223	242	218	230	263
Bouches-du-Rhône	592	480	517	550	618	471	410	477	512	495	544
Calvados	369	352	377	343	325	379	339	335	399	267	307
Cantal	110	56	97	63	118	69	79	126	103	136	181
Charente	106	117	126	96	174	91	128	144	135	141	255
Charente-Inférieure	218	250	189	177	287	134	186	203	164	204	330
Cher	203	205	279	368	286	188	244	207	182	322	257
Corrèze	113	137	140	91	133	98	159	166	157	123	144
Corse	101	132	105	86	92	113	96	109	150	125	111
Côte-d'Or	100	68	90	112	123	100	112	117	104	76	130
Côtes-du-Nord	102	94	85	95	70	47	71	54	66	58	47
Creuse	137	158	113	137	112	84	90	73	90	95	100
Dordogne	256	230	280	206	347	219	206	289	357	255	501
Doubs	62	64	62	63	83	68	63	63	58	72	51
Drôme	143	98	121	88	117	79	91	75	112	78	107
Eure	131	96	68	84	99	112	75	77	89	70	79
Eure-et-Loir	127	159	159	169	149	137	164	167	171	149	160
Finistère	188	162	202	174	228	206	191	189	201	177	195
Gard	137	147	167	136	202	158	189	177	154	142	204
Garonne (Haute-)	302	290	362	268	316	285	268	324	269	322	380
Gers	220	294	252	259	383	173	213	270	233	395	279
Gironde	547	583	525	487	874	569	607	683	595	789	851
Hérault	173	192	201	163	199	219	274	261	238	238	226
Ille-et-Vilaine	258	235	272	300	250	290	231	260	231	235	330
Indre	121	117	130	163	184	101	123	88	98	106	106
Indre-et-Loire	211	245	217	215	212	272	211	256	207	247	301
Isère	332	296	394	395	404	363	408	334	311	309	379
Jura	49	35	48	39	47	35	38	31	39	57	43
Landes	143	164	123	98	149	156	140	173	167	205	164
Loir-et-Cher	205	212	175	191	262	186	247	211	215	195	236
Loire	101	106	147	122	110	129	173	173	154	200	250
Loire (Haute-)	97	65	67	82	97	86	91	76	103	97	118
Loire-Inférieure	220	217	177	163	256	262	285	285	255	267	264
Loiret	299	324	341	377	327	275	260	303	318	292	311
Lot	103	88	72	30	60	27	51	68	71	74	97
Lot-et-Garonne	185	150	148	166	205	172	179	226	150	155	144
Lozère	68	51	23	36	39	41	44	50	43	30	85
Maine-et-Loire	267	331	249	237	285	313	349	203	262	269	411
Manche	305	293	255	276	274	318	239	277	238	255	270
Marne	193	220	173	171	212	225	233	281	323	202	253
Marne (Haute-)	73	56	63	40	56	43	78	83	74	68	122
Mayenne	172	203	137	136	116	140	135	167	171	191	167
Meurthe	148	135	131	146	141	161	143	210	153	178	209

PROPORTION DES DÉCÈS AU NOMBRE MOYEN DES ENFANS.

DÉPARTEMENS.	1824.	1825.	1826.	1827.	1828.	1829.	1830.	1831.	1832.	1833.	1834.
Ain	1 sur 8,15	1 sur 9,37	1 sur 7,49	1 sur 8,20	1 sur 6,30	1 sur 6,87	1 sur 8,13	1 sur 6,25	1 sur 6,02	1 sur 5,89	1 sur 5,51
Aisne	6,94	8,10	8,97	11,39	10,36	9,32	7,70	7,48	8,61	11,57	6,91
Allier	7,06	5,93	6,17	5,70	5,76	7,15	7,27	6,50	7,38	6,06	11,03
Alpes (Basses-)	6,40	6,19	5,47	8,30	7,33	9,68	8,13	9,56	9,42	9,25	6,99
Alpes (Hautes-)	16,37	14,22	11,74	12,26	12,38	13,67	12,91	13,53	11,66	14,86	13,70
Ardèche	12,33	13,44	19,06	22,86	14,69	15,77	11,95	18,41	15,96	14,83	7,31
Ardennes	13,60	14,52	11,51	15,36	12,84	12,62	8,80	10,47	16,37	16,55	10,22
Ariège	13,25	10,89	10,29	19,51	9,96	11,16	14,18	9,51	13,19	9,68	5,06
Aube	6,30	5,22	5,51	6,66	7,01	7,05	5,91	6,92	8,56	7,04	6,12
Aude	9,81	10,35	10,23	13,93	14,50	11,05	9,56	11,17	9,85	8,45	10,70
Aveyron	8,99	9,51	8,82	13,73	10,58	10,16	10,27	9,67	11,45	11,86	10,82
Bouches-du-Rhône	5,07	6,29	6,03	5,29	4,80	6,46	7,89	7,28	7,15	7,55	7,03
Calvados	7,49	7,94	7,69	8,43	7,45	5,76	6,67	7,18	6,31	9,69	8,67
Cantal	10,18	18,18	10,54	15,56	8,90	15,93	15,08	10,50	13,31	10,16	7,70
Charente	12,85	12,40	12,00	16,04	9,36	17,25	12,74	12,02	13,14	13,18	7,81
Charente-Inférieure	9,33	8,39	11,32	12,05	7,22	13,02	8,74	8,74	11,38	10,08	6,30
Cher	6,90	6,83	5,04	3,79	3,77	5,80	5,18	6,59	8,06	4,92	5,28
Corrèze	11,40	8,45	8,78	13,04	7,50	11,13	8,19	8,25	9,51	9,51	3,80
Corse	7,84	5,23	3,60	5,70	5,60	5,03	6,39	6,53	4,62	5,26	6,14
Côte-d'Or	8,34	12,82	10,47	8,59	7,12	8,51	7,85	7,79	8,83	12,32	7,32
Côtes-du-Nord	9,25	9,68	10,87	9,76	12,27	17,55	12,04	15,59	11,88	11,12	14,49
Creuse	11,32	8,20	11,96	10,39	11,91	15,38	13,86	17,61	15,41	14,98	14,64
Dordogne	10,09	11,71	10,14	8,26	5,61	10,56	8,56	6,78	6,78	7,62	4,35
Doubs	11,11	10,53	10,89	11,06	8,53	10,22	11,71	12,27	13,48	10,86	14,24
Drôme	11,31	12,68	11,73	15,31	11,63	17,14	14,15	18,35	12,69	17,53	12,67
Eure	5,45	6,92	9,06	7,82	6,76	5,84	8,32	8,14	7,05	8,87	7,82
Eure-et-Loir	6,50	5,79	5,81	5,76	6,09	6,91	6,22	6,44	6,61	7,97	7,25
Finistère	10,36	12,25	10,00	11,39	8,75	9,69	9,86	10,24	10,89	10,89	9,14
Gard	8,43	7,96	7,29	7,73	5,38	6,78	6,04	6,66	7,92	9,16	6,72
Garonne (Haute-)	7,49	7,96	6,55	5,25	5,16	6,41	7,41	7,03	8,47	8,47	7,57
Gers	10,41	8,25	9,28	9,01	6,34	13,56	11,40	9,42	10,76	6,57	7,71
Gironde	7,85	7,53	8,48	9,46	5,58	8,24	7,92	7,19	8,39	6,52	5,97
Hérault	6,45	6,13	6,22	7,89	6,98	6,55	5,47	5,80	6,37	6,60	6,95
Ille-et-Vilaine	9,06	9,65	7,50	6,43	6,55	5,26	6,32	6,18	7,31	7,08	5,22
Indre	8,92	9,32	9,10	7,50	6,78	12,07	10,03	12,55	11,44	9,88	10,10
Indre-et-Loire	5,51	4,90	5,65	5,97	6,16	4,93	6,05	5,20	6,29	5,51	4,62
Isère	6,44	7,35	5,89	5,95	5,78	6,19	5,66	7,04	7,86	8,15	7,22
Jura	11,96	16,29	11,04	13,26	10,70	11,09	13,16	16,65	13,97	9,54	12,07
Landes	10,07	9,60	13,19	17,56	12,24	11,72	12,45	8,57	9,80	8,65	10,67
Loir-et-Cher	5,34	5,06	5,90	5,40	4,23	6,06	4,76	5,40	5,53	6,10	4,99
Loire	10,19	11,68	8,99	10,67	12,35	11,49	9,39	9,79	10,83	9,47	8,46
Loire (Haute-)	13,04	19,77	17,84	13,37	11,31	12,00	12,09	15,17	11,55	15,38	12,88
Loire-Inférieure	7,67	8,06	9,79	8,20	5,67	5,59	5,11	5,40	5,71	5,48	5,39
Loiret	5,40	5,18	5,07	4,73	5,48	6,68	7,22	6,43	6,53	7,12	6,18
Lot	12,14	12,56	9,53	20,50	9,80	22,15	12,41	9,80	9,93	9,66	6,98
Lot-et-Garonne	7,36	9,41	9,66	9,02	7,26	8,65	8,83	7,70	11,81	11,81	11,64
Lozère	9,13	12,06	25,83	16,28	13,38	14,34	14,07	13,22	16,60	24,23	8,81
Maine-et-Loire	9,59	7,97	10,95	7,54	6,56	6,04	5,94	10,55	9,29	9,92	6,88
Manche	9,14	8,16	6,90	6,58	7,00	6,18	8,58	7,04	8,00	9,28	7,57
Marne	8,02	6,96	8,54	8,74	7,13	7,24	7,70	6,85	6,19	9,67	7,29
Marne (Haute-)	10,30	13,14	11,89	18,55	13,48	17,81	10,54	10,04	11,82	12,88	7,06
Mayenne	8,65	7,48	11,81	6,42	7,29	6,20	6,78	6,25	6,03	6,03	6,88
Meurthe	14,24	15,36	15,20	14,08	14,33	12,66	15,24	11,19	15,52	13,48	11,21

DÉPARTEMENS.	NOMBRE DES DÉCÈS ANNUELS PARMI LES ENFANS TROUVÉS.										
	1824.	1825.	1826.	1827.	1828.	1829.	1830.	1831.	1832.	1833.	1834.
Meuse	66	52	76	54	68	70	71	97	98	82	101
Morbihan	91	115	81	92	98	98	99	95	110	83	72
Moselle	46	35	49	35	25	39	38	40	60	47	38
Nièvre	213	291	228	287	289	217	173	123	157	132	251
Nord	519	512	517	358	431	469	550	461	567	448	421
Oise	121	121	131	102	121	106	155	155	112	115	144
Orne	141	134	124	121	127	93	95	109	98	85	141
Pas-de-Calais	225	234	212	216	255	289	276	250	318	251	281
Puy-de-Dôme	229	165	231	191	238	176	204	173	253	195	256
Pyrénées (Basses-)	300	205	194	164	273	248	205	259	231	245	310
Pyrénées (Hautes-)	90	97	131	89	121	131	100	140	148	139	155
Pyrénées-Orientales	185	208	199	196	232	224	186	238	140	190	234
Rhin (Bas-)	42	29	55	44	41	50	62	63	63	50	52
Rhin (Haut-)	9	11	9	7	10	11	5	13	13	13	5
Rhône	911	964	1,060	1,225	1,289	1,258	1,222	975	1,139	1,121	1,218
Saône (Haute-)	7	8	3	4	4	4	8	3	4	»	4
Saône-et-Loire	86	79	85	100	104	85	104	116	136	165	158
Sarthe	269	337	341	356	357	255	266	258	212	131	149
Seine	3,555	4,024	4,075	3,842	4,281	4,405	4,175	4,269	4,053	3,432	3,903
Seine-et-Marne	62	71	67	62	77	79	78	69	82	89	75
Seine-et-Oise	16	12	6	23	13	15	23	36	31	23	33
Seine-Inférieure	673	724	658	683	788	733	743	888	708	745	683
Sèvres (Deux-)	69	88	77	61	59	43	59	51	82	65	120
Somme	161	151	170	138	159	187	152	189	203	192	214
Tarn	138	135	180	87	133	151	113	171	147	162	218
Tarn-et-Garonne	113	87	53	63	101	66	70	105	95	86	95
Var	344	341	270	258	235	237	240	292	283	215	267
Vaucluse	268	249	288	255	348	295	342	313	248	255	302
Vendée	74	133	62	59	84	84	63	89	59	78	134
Vienne	92	109	79	78	114	60	93	113	87	83	79
Vienne (Haute-)	358	347	328	291	338	296	196	223	276	276	339
Vosges	7	5	7	1	3	2	6	3	4	»	5
Yonne	126	141	143	122	117	139	147	130	132	111	116
TOTAUX	19,164	19,800	19,705	18,613	21,553	19,731	19,896	20,586	20,098	19,363	21,983

DÉPARTEMENS.	PROPORTION DES DÉCÈS AU NOMBRE MOYEN DES ENFANS.										
	1824.	1825.	1826.	1827.	1828.	1829.	1830.	1831.	1832.	1833.	1834.
Meuse	1 sur 9,89	1 sur 12,08	1 sur 8,53	1 sur 11,87	1 sur 9,87	1 sur 9,89	1 sur 9,72	1 sur 7,72	1 sur 8,32	1 sur 10,40	1 sur 7,90
Morbihan	15,44	12,37	17,04	12,45	12,00	12,37	12,37	12,76	11,73	16,46	18,85
Moselle	27,07	33,77	22,73	30,57	41,09	25,00	24,61	23,40	15,63	18,11	19,53
Nièvre	9,31	7,20	8,98	7,49	6,80	8,35	10,32	14,51	11,22	13,47	7,59
Nord	8,65	9,06	9,07	13,13	9,29	9,01	7,95	9,88	8,33	10,32	10,86
Oise	8,31	8,46	8,34	10,51	9,34	11,08	8,25	7,90	11,37	11,20	8,55
Orne	10,13	10,85	11,55	11,87	11,71	10,98	11,28	10,89	12,32	14,44	9,05
Pas-de-Calais	7,77	7,54	8,17	8,07	6,88	6,35	6,90	8,06	6,74	8,47	7,61
Puy-de-Dôme	10,01	13,64	9,94	13,28	8,01	11,44	10,71	13,57	9,84	12,11	9,35
Pyrénées (Basses-)	7,36	10,50	11,64	13,57	8,80	9,66	11,99	9,99	11,29	10,53	8,49
Pyrénées (Hautes-)	9,61	9,68	7,58	11,10	8,53	7,62	10,09	7,59	7,74	7,96	6,79
Pyrénées-Orientales	4,52	4,08	4,07	4,33	3,78	3,59	4,24	3,53	6,93	4,53	3,76
Rhin (Bas-)	24,17	36,21	18,44	19,80	20,00	16,52	13,06	14,27	13,40	15,94	14,58
Rhin (Haut-)	31,67	26,91	29,33	38,71	26,60	24,00	53,00	22,08	23,69	23,77	57,60
Rhône	9,38	9,43	9,21	8,38	8,36	8,89	9,24	12,01	10,70	10,90	10,11
Saône (Haute-)	10,57	10,75	30,00	22,25	21,25	21,75	11,37	27,00	18,00	»	15,50
Saône-et-Loire	16,22	17,38	16,21	14,09	12,83	16,01	13,77	13,34	12,39	10,55	11,02
Sarthe	6,49	5,39	5,70	4,99	5,15	6,18	6,26	6,81	8,42	12,58	8,87
Seine	5,40	4,91	4,93	5,35	5,00	4,90	5,15	5,18	5,36	6,22	5,47
Seine-et-Marne	6,08	5,75	6,03	6,84	5,58	5,43	5,40	6,70	7,35	7,42	8,07
Seine-et-Oise	8,00	11,00	23,17	6,83	12,77	11,67	8,48	5,36	7,45	10,00	7,61
Seine-Inférieure	5,00	4,45	4,76	4,70	4,23	4,60	4,66	4,08	4,88	4,64	4,71
Sèvres (Deux-)	12,00	9,59	10,83	12,77	9,56	9,93	9,22	12,27	8,93	12,08	7,30
Somme	10,56	10,90	9,57	11,88	11,60	6,87	8,99	7,74	7,87	9,30	6,75
Tarn	10,04	10,83	8,06	15,36	9,96	9,25	12,61	8,64	9,91	9,57	7,32
Tarn-et-Garonne	6,24	8,69	13,73	12,56	8,36	12,15	12,09	8,24	8,88	10,09	8,89
Var	8,17	8,27	7,48	7,88	8,79	9,18	9,40	8,33	8,90	11,47	9,29
Vaucluse	7,02	7,84	6,94	7,85	5,97	6,87	6,02	6,67	8,31	8,03	6,79
Vendée	11,41	6,44	12,37	13,56	10,42	10,85	11,52	9,29	15,58	12,69	7,89
Vienne	10,51	8,94	11,99	12,95	9,37	16,55	11,92	10,25	12,85	14,29	14,97
Vienne (Haute-)	5,16	5,11	5,31	5,81	4,96	5,51	8,47	8,13	6,77	6,81	5,62
Vosges	18,00	25,60	15,86	113,00	47,00	60,50	21,67	47,67	41,75	»	23,00
Yonne	8,52	7,55	7,21	8,20	8,58	7,46	[illegible]	8,39	8,52	9,93	5,43
TOTAUX	1 sur 7,83	1 sur 7,68	1 sur 7,68	1 sur 7,96	1 sur 6,94	1 sur 7,57	1 sur 7,66	1 sur 7,72	1 sur 8,14	1 sur 8,51	1 sur 7,35